發現峇峇娘惹

推動近代東南亞發展的
神祕商業貴族

プラナカン —東南アジアを動かす謎の民

太田泰彥（Yasuhiko Ota）——著　葉靜嘉——譯

目次

十九世紀的東南亞（括號內為現代地名）

現代新加坡

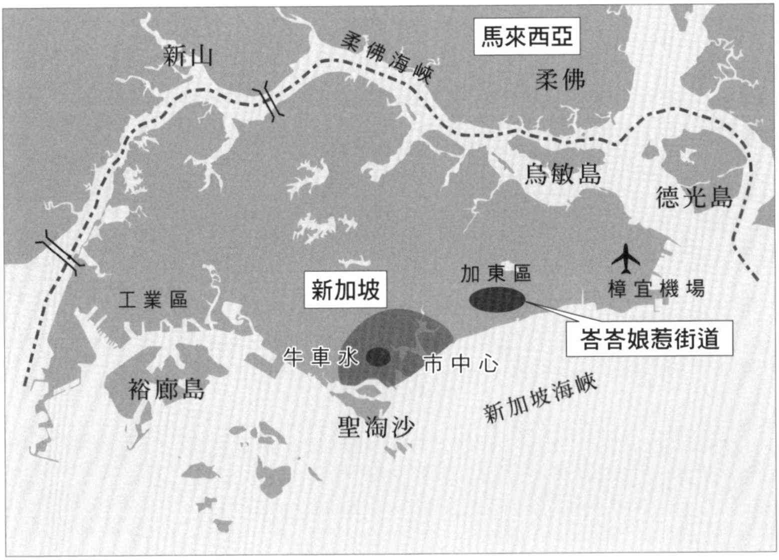

殖民時代的麻六甲海峽

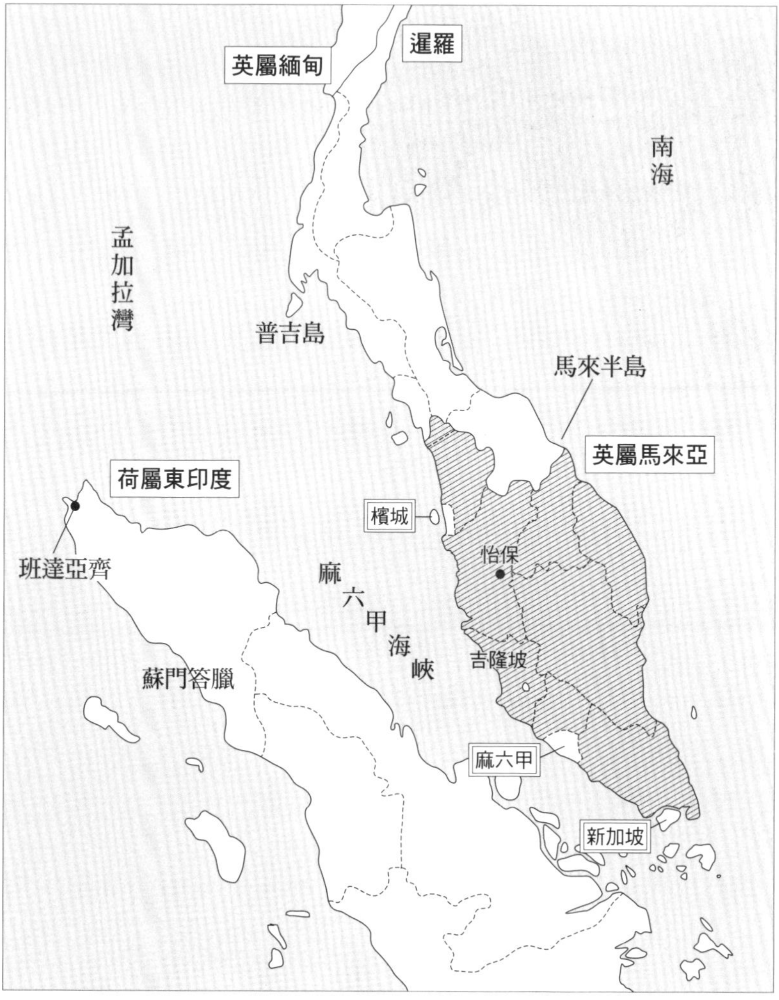

英國海峽殖民地

推薦序

峇峇娘惹的生存策略

林開忠（暨南國際大學東南亞學系副教授）

「以海為田」是中國東南與嶺南地區人民的日常，直到清朝初期的中國「移民」都是鑲嵌在傳統家庭和文化的「僑居」型態：移動者心存「回歸」家鄉，雖然很多時候，個人可能因經濟資本、政治情勢變化、客死異鄉等而無法如願。單身的中國男性商人，乘季風往南方島嶼經商或受僱。他們可能得在異鄉逗留一年半載甚至更久，才能將貨品售罄獲取所得或是等待回程的季風又或是各種各樣的個人遭遇而久留異鄉。隨著中國—海峽貿易量的增加，商人們自己或雇用自己的親戚到異地，或是在當地討個土著女性為妻或妾，這些土著可能是當地的馬來人或來自馬來群島的峇里或峇達克人（Batak），利用東南亞土著女性為市場上拋頭露面主角的性別文化，來負責掌管華商當地的買賣。

因此，這些基於異族通婚而生的混血後裔，在華商長期不在家的情況下，日常生活大多只能透過土著母親進行社會化，而中國父親則是在親屬稱謂、婚配規範、結婚儀式及其他宗教儀式等的中國核心文化保留之外，其他衣食住等日常生活文化則大量吸納母親一方之文化元素，並融合父親的部分中華文化，在經濟或階層許可下也將外來的舶來品文化融入，最終產生一種全新的混合或克里奧文化（hybrid or creolized culture）。

誠如在東南亞文化中所展現的，所有新的文化元素一旦進入東南亞人的生活中，就會被納入或溶解並形成他們文化的一部分。這群華人與土著通婚後裔也一樣，在經濟環境許可下，他們吸納了各方的文化，就像書中所描述的各種峇峇娘惹的藝術形式，並非他們所「創」，但卻是透過他們的巧手、藝術思維而「融」，最後形成一種屬於峇峇娘惹的藝術品味。

大約在十七至十九世紀初期，橫跨整個東南亞地區，都分別出現了文化涵化程度不一的華人─土著異族通婚後裔的混合文化。其中馬來半島的麻六甲、印尼爪哇以及菲律賓馬尼拉最為顯著。在大陸東南亞的越南，明清交替初期也有數批政治難民（主要為軍隊）從中國逃入越南，當時大越阮朝正需要人力開發湄公河下游的南部地帶，於是這些難民就被安排進入越南南部邊境地區屯墾。這些華人後來與越南本地女性通婚而產出「明鄉人」（後來稱為明香人）的混合文化，但隨著越南政治局勢變化，這批明香人幾乎都同化成為越南人。這樣的情況似乎也發生在菲律賓的馬尼拉。西班牙人為了擴展天主教勢力，鼓勵華人移民受洗成為教徒，這些教徒跟其他菲律賓本地（Indio）教徒通婚，他們及其後代（稱為華裔—麥士蒂索人〔the Chinese Mestizos〕）都受殖民政府禮遇。透過天主教所提供的教育，華裔—麥士蒂索人逐漸「西班牙化」（Hispanization），最終使得他們不再認同自己是華人，而轉變為一個全新的族群——菲律賓人（Filipino）。

至於在本書中提及的麻六甲峇峇娘惹與爪哇的土生華人（peranakan），則沒有如越南明香人或菲律賓華裔—麥士蒂索人的發展，他們的命運是形成一種全新的文化，只是這是個歸屬於華人的新文化，他們自己以及別人（如政府）也都視他們為華人。其中一個因素就在於無論是土著王國或後來的歐洲殖民政權，華人是他們最初進入中國市場的一個重要媒介，透過華人讓東南亞得以跟中國維持一個長期且有利可圖的貿易網絡，因此，讓麻六甲與爪哇的華人——土著混血後裔維持某種程度的「華人性」，便是進入這個貿易網絡的重要機制。

誠如土著王國時期，在麻六甲這樣的轉口貿易站裡有著來自四面八方的貿易商，而王國委任不同族群的港務官員（syahbandar）負責所有稅收、商業買賣、倉儲等的事務；在王國朝廷裡也會任用熟悉貿易的外來商人，就像書中提到的泰國王室任用陳金鐘作為與中國貿易的連結那樣。總而言之，從土著王國直到歐洲殖民初期，華人屬性的維持乃是至關重要的一種生存策略，也是國家／政權所鼓勵的。因此，峇峇娘惹與土生華人才沒有發展成華裔—麥士蒂索人或明香人那樣的結果。

早期移民東南亞的華商之所以能在經濟上「成功」，是因為他們被鑲嵌在歐洲殖民經濟體系裡面，華商跟殖民政權彼此之間相互需要。由於作為熱帶殖民地的東南亞各區域只能是「殖民地」，而無法吸引歐洲底層農工或罪犯（例如北美或紐澳）前來拓墾的殖民地（settler colony），使得熱帶殖民地的經營與開發缺乏必要的勞動力，但幸運的是在東南亞地區長期以來就有著一批中國貿易商，他們符合殖民政權對熱帶殖民地開發的需求：不具政治野心但精於當地商業貿易，同時還維持著跟原鄉血緣與地緣的紐帶關係，透過他們可以源源不絕地從中國進口大量廉價勞動力。

而當地殖民政權犒賞這些早期華商的方式，則是賜予非官方的「官位」如甲必丹（Kapitan）、馬腰（Mayor）、雷珍南（Lieutenant）等，讓他們在華人社群裡的社會地位得以提升。另外一種方式，則是開放各種領域的包稅制度（tax farming），譬如鴉片、娼妓、酒、賭博、屠宰等等政府抽稅項目，透過招標讓擁有經濟資本的華人富商，能夠協助政府收稅，但也同時讓他們得以在經濟資本上持續壯大。在本書裡提到李光耀的祖父李雲龍曾經在黃仲涵手下工作，後者曾是壟斷爪哇島的鴉片包稅的最大承包商，並稱其為「毒梟」（原文為「麻藥王」、英譯「Drug Lord」）。毒梟一詞是否適合用在這樣的歷史現象裡值得商榷，畢竟包稅商人所經營的賭場、鴉片館、娼寮等，在那樣的歷史情境裡這些都是符合殖民經濟的合法生意。

最後，本書所討論的峇峇娘惹藝術品味，無可否認是一種在中國父親不在場（因為做生意）而由土著母親精心挑選，所形成的一種被作者認為偏向女性風格的物品（珠繡鞋、可巴雅服飾、搭配衣服與社會地位的金或銀飾品、室內裝潢等等）。但作者在這裡提到在他探訪的峇峇娘惹人中，有一半受訪者都是男同性戀者，並提出這樣的說法：「現代的峇峇娘惹人裡有很多是男同性戀」（頁248），這句話是否為真，應該需要更有系統的調查研究，而不應只是一般印象式的說法。在這段有關男同性戀的書寫中，作者是這樣寫的：「在採訪中我刻意不提這點，但從他們的言行舉止中，我很快就發現了。有些人的情況，是在這個群體中眾所皆知，沒有人問，也沒有人說，但每個人都知道。」（頁248）既然是「沒有人問，也沒有人說」的「禁忌」話題，這樣的寫法從「寫作倫理」的角度來看，或許也是有待商榷的。

儘管有著上述少許不甚完美的論點，但本書還是一本關於峇峇娘惹政治和經濟家族以及藝術方面，適合大眾閱讀的書籍，對侷限於峇峇娘惹菜餚認知的一般台灣讀者而言，這本書可以擴大我們對這群東南亞華人—土著混血後裔之想像，值得推薦。

推薦序

比「娘惹糕」還深厚的歷史脈絡

區肇威（燎原出版主編）

馬來西亞作為「峇峇娘惹」的分布地區之一，在當地生活近二十年的我來說，雖說對這個詞彙不陌生，但在現實生活中也不見得熟悉。峇峇娘惹經過了時間的推移，已經融入了當地的社會。除非當事人主動告知，否則單憑膚色就想辨認出誰是不是峇峇娘惹，實非簡單之事。這也是書中，有關李光耀究竟是不是峇峇娘惹的討論會出現的狀況。我還曾因為誤認峇峇娘惹的路人是華人，而發生過一些讓人啼笑皆非的尷尬場面。

峇峇娘惹是一個綜合詞，泛指早年中國移民與當地女性通婚之後的後代，峇峇是男性，娘惹是女性，現代又較為廣泛以「土生華人」稱之。峇峇娘惹的祖先，主要是在鄭和下西洋的明代早期，也就是十五世紀前後，從中國南部頻繁移往東南亞，遠早於近代的華僑移民。而在歷經數百年後，各地的峇峇娘惹仍舊屬於少數族群，生活上也自然就會慢慢融入當地文化。峇峇娘惹的移民史雖然悠久漫長，但樣貌依然保持華人的特徵，所以除非主動告知，一般從外觀不容易辨識。

在當地人的眼中，對峇峇娘惹的印象又是什麼呢？在我小時候，從大人那裡被告之，出身於英國殖民地時代的峇峇娘惹，都是受過良好的英式教育，可以說一口流利英文的精英份子，他們平時衣著光鮮亮麗，但也有比當地華人更講究的傳統服飾。他們的食物偏辣，但不會食用豬肉，飲食習慣儼然跟馬來人很接近，但又多了那麼一點華人的色彩。這也是為何峇峇娘惹的宅第都保持中國傳統的擺設。他們的外貌看似是華人，但他們的內在已經在地化，甚至他們的族群成為當地不可忽視的存在。

相比之下，大部分馬來西亞的華人，其實是在清末民初年代移入居多，但也相對帶了更多「老鄉」的傳統與文化，其中最重要的是華文教育，所以近代的土生華人除了原生的母語之外，有更多的機會接受完整的華文教育。因此在近代，若要從使用的語言辨識對方是不是峇峇娘惹，難度又更高了。所以，稍有不察，誤認也是常見的狀況。

在台灣，讀者要接觸到峇峇娘惹的文化也不難。大家一定吃過色彩繽紛，光賣相就令人垂涎三尺的娘惹糕吧？這種與台灣傳統的粿有著截然不同特色的糕點，讓人一眼就能辨識出來。面對著娘惹糕那種外觀色彩鮮豔，但不知其味的探索經驗，就好比人們對峇峇娘惹的歷史似懂非懂的過程。

娘惹糕用原本在中國南方地區普遍會食吃用到的糯米、稻米、木薯粉，加入在當地才會見到的如班蘭、椰漿、椰絲、椰糖以及參巴等等元素，形成另一種不同於祖先家鄉的美食。把自己熟悉的食材，加入當地人的配料，發展出另一種全新的飲食習慣，這也許就是峇峇娘惹文化的精髓之所在。當融合習慣之後，已經分辨不出哪一個是原本的自己，哪一個是在地取得的元素，久而久之不再糾纏計較，落地生根之後的人們，形成了專屬於自己的獨特文化圈，跟過去祖先的那一塊不再聯繫，隨遇而安，發展屬於自己的歷史。

走在麻六甲那條充滿古色古香，彷彿被時光給遺忘、稱為「億萬富翁之街」的街道，除了感受峇峇娘惹的歷史與文化，他們在當地乃至對整個東南亞的影響，都彰顯在這個小小的街道。那裡的一片一瓦，那些貴族世家般的門廊、庭園，不禁讓人停步端詳，留下了讓今天的人們去追尋的足跡，更讓參觀者對這個族群的歷史與發展有了更多想要解開的謎題。

太田泰彥正是其中一個被這樣的情境所吸引的人。但跟我們一般人不同的是，他決定深入去挖掘那個埋藏在他心中的疑惑，決定去解開這個「充滿謎團的族群」的來龍去脈。想要了解東南亞華人移民史，太田泰彥以新聞工作者撰寫的這本作品，是讀者所不容錯過的。

太田泰彥的這一本作品，不僅讓華文閱讀的讀者能夠了解到峇峇娘惹更為深層的歷史，同時也可以從他的書寫當中，發現自明代鄭和下西洋以來，這些與鄭和的艦隊，以及當年宏大的壯闊歷史有著緊密關係的族群，對東南亞的移民以及日後經濟發展的影響是何等巨大。這樣的影響力，是這些移民成為新住民，最後變成在地居民的過程中，運用異鄉人求生的本能，乃至為自己的族群贏得更好的生活所驅動的生存意志所產生的結果。

他們當中，出了許多不光是商業上的鉅子，更有不少在政治領域發光發亮，為東南亞當地民眾的福祉盡心盡力，爭取世界各國的認同。他們已經不再是原始的血脈所代表的那個族群，反而用自己的新身分，形成新的認同，新的文化圈。

太田泰彥深深被這個族群的歷史與影響力所吸引，他能夠看出就連身為峇峇娘惹文化的捍衛者，也不見得洞悉的優勢。太田先生深入了解各種文獻和著作，經由訪問峇峇娘惹的關鍵後裔，了解他們的現況，進而挖出他們的祖先在過去的歷史所扮演的重要角色。然後從文化、歷史、人物誌的角度，深度剖析峇峇娘惹的過去與現況。

峇峇娘惹的歷史所展現的是一個族群在異鄉打拚的故事，從過去的壯闊璀璨，到現在的回歸平淡，甚至隱沒在歷史洪流底下。日後當你吃著娘惹糕的時候，可以深思這個少數族群的歷史發展，以及他們在日後被稱為「家鄉」的國家，創造了在區域史中不可抹滅的貢獻。也許你吃下的每一口糕點所蘊含的滋味，就不再是過去那樣似曾相似，但又不是很熟悉的異國風情了。倘若沒有這一本作品的話，也許我們大部分人都只能停留在以「娘惹糕」的角度去窺視這個族群吧。

（區肇威，在台旅居多年的馬來西亞華人，筆名查理）

序章

充滿謎團的族群

認識東南亞的關鍵

有一群被稱為「峇峇娘惹」的奇特族群，散居於東南亞各國。他們從中國大陸跨海來到馬來西亞、新加坡、印尼等，也就是圍繞著麻六甲海峽的周邊地區，並且與自古以來居住在這些地區的馬來族混合，進而創造出特色鮮明且華麗絢爛的文化。

現代的峇峇娘惹人，則是低調地生活在各個國家。但他們那燦爛奪目，又充滿神祕感的傳統及文化，使他們散發出獨樹一格的存在感，還為東南亞各國的社會增添了色彩。

在地圖上，東南亞看起來像一個緊密的「集合」。但其內部其實有許多不同的族群、宗教，互相複雜地交織著。我想試著深入了解東南亞政治和社會的起源，而嘗試踏入各個國家裡面。但我發現，我像是迷失在熱帶雨林的叢林中，難以看見其真實的面貌。到底是誰在推動經濟？誰是支配者，誰又是被支配的那一方？

由十個國家組成的東南亞國家協會（ASEAN），從二十世紀後半開始，隨著人民所得增加，現在已成為了巨大的消費市場。總人口數接近六億四千萬，規模已經超越包含美國在內的北美或是歐盟（EU）。

日本、美國、歐洲、中國、韓國的企業，也持續增加對東南亞的直接投資及貿易，試圖增進彼此之間的經濟連結。南海以海路連接亞洲各國，是東南亞交通的要衝，因此成為了美國與中國激烈爭奪軍事霸權的舞台。環顧全球，現今的東南亞已和因敘利亞情勢動盪的中東，同樣成為全世界最激烈動盪的地區。

同樣身為亞洲人，為了更熟悉、更深入理解這個彷彿沒有入口、叢林般的地區，我們應該要從哪裡下手？我想，開啟這道隱藏入口的關鍵鑰匙，或許就藏在神祕的族群「峇峇娘惹」身上。

埋藏於文化的深層

峇峇娘惹在歷史上的發展，於十九世紀末到二十世紀初達到高峰。若觀察在歷史的各個轉折點上，活躍於政治、經濟舞台上的那些峇峇娘惹人，就能窺見埋藏於東南亞社會的深層文化。

我想從歷史的觀點上，清楚地理解峇峇娘惹族群的樣貌，應該會是一條思考亞洲的過去和未來的捷徑。我基於這個想法，開始走遍東南亞的大街小巷，追尋著峇峇娘惹的身影。

Peranakan 在馬來語中，最早的意思是「在這塊土地出生的孩子」，其中男性稱為峇峇（Baba），女性稱為娘惹（Nyonya）。

我造訪了一些分布在麻六甲海峽的社區，遇見了許多生活在現代的峇峇娘惹人。他們遍布於亞洲的太平洋地區，如馬來半島上的古都麻六甲、新加坡、檳城島、普吉島、曼谷、仰光、雅加達，還有遙遠的澳大利亞等地區，互相保持著橫向的連結，各自擁有不同的社會地位或職業。

雖說他們是華人與馬來人通婚的後代，其實那已經是好幾代以前的事了。現代峇峇娘惹的五官或外型幾乎與一般華人無異，也有人會直接把他們視為「華僑」。

然而，在實際接觸過峇峇娘惹人以後，會發現他們散發著一種獨特的氣質。

他們的舉止不同於一般的華人，雖是東方人，卻又有點洋派。他們散發出端正嚴謹的氣質，讓人覺得自尊心甚高。而且似乎有著不為人知的一面，因為他們連平時都會顯露出寂寞的神情。

雖然峇峇娘惹是華人的後裔，但與我們印象中的「中國人」又明顯不同。有位峇峇娘惹人甚至稱呼自己為「進化的中國人」。

雖然他們度過了跨越亞洲的悠久時間洪流，但每個人似乎都背負著某種沉重的負擔……峇峇娘惹人常常在不經意中，散發出如此不可思議的氣質。在初次見面並進行自我介紹的場合，當他們說出「我是峇峇娘惹」的時候，雙眼會閃爍著耀眼的光芒。

明代中國南方是他們的根源

峇峇娘惹到底是何方神聖呢？他們的根源可追溯到明清之際，也就是十五至十六世紀明代中國南方的福建省或廣東省等地。換句話說，他們的祖先即是漢人。

有些人懷抱著貿易致富的夢想，有些人則為了逃離歉收及貧困，這些中國南部出身的人們為了前往新天地——麻六甲海峽，不惜賭上性命。

南海的季風由北往南吹襲，大約是在日本的冬季；而夏天的季風則是由南吹向北方，每半年會改變風向。那些載著人或商品的帆船，乘著北風來到東南亞。若要乘著南風回到中國大陸，則至少需等待半年的時間。

那是個中國禁止女性出國的時代，因此許多男性便在馬來半島或蘇門答臘、爪哇島上，娶當地的女子為妻、組成家庭。不過保留故鄉的另一個家庭，過著雙重生活的人們也不在少數。

在當地誕生的孩子們，沐浴著熱帶的陽光長大成人，伴隨著混血後代的逐漸增加，也就形成了社區共同體（community）。在這樣的社區共同體中，人們一次又一次的締結婚姻，峇峇娘惹的人口也就愈來愈多，而後創造出不同於中國、也不同於馬來族的獨特複合文化。這就是絢爛奪目的峇峇娘惹文化的誕生了。

到了十九世紀，峇峇娘惹開始展現商業長才，他們與英國、荷蘭的東印度公司合作，從事香辛料貿易，或是經營錫礦山和橡膠園。也有人靠著交易鴉片或奴隸買賣，獲得了數不清的財富。然而，儘管現代的峇峇娘惹後裔繼承了這些財富，卻對這段過往出奇地避而不談，令他們的身上充滿了謎團。

色彩繽紛的柔粉色磁器、融入生活中各個角落的香辛料和香草、使用椰子和鳳梨等南洋水果製作的娘惹菜、具有印度風格的華麗民族服飾如可巴雅（Kebaya）紗籠裙和巴迪衫（Batik）等，還有不可思議的峇峇馬來語……。峇峇娘惹的傳統及文化富有深度，而他們的全貌，卻被一層厚重的面紗包覆著。

漂泊人的氣質

我遇到的峇峇娘惹人，幾乎都不太清楚自己的祖先來自何方，當然也不清楚自己的文化是如何被創造的。當我告訴他們自己那些臨時抱佛腳學到的知識後，一些年輕人很讚嘆地說，「第一次聽到」、「真是偉大的歷史」。

那些所謂屬於世族的峇峇娘惹人，從第一代祖先自中國大陸跨海移居，也不過經歷了十代。但這些家族的歷史，卻像是被一層濃霧包覆著，讓人難以看清。現代的峇峇娘惹人，就像是漂泊的浮萍，離開了本來的根源。

有些人是長大了才知道自己是峇峇娘惹，也有些人因為想了解祖先的故事，而花費許多時間，踏上了探索自我認同的旅程。當我四處打聽峇峇娘惹這個族群該如何定義時，也會碰上「我們家才是真正的峇峇娘惹，他們家不是真的峇峇娘惹」這種情況，這當中又有各種解釋，以致糾纏不清。

他們明明因那細膩又高尚的審美感而結合在一起，但卻似乎有股無形的力量，讓他們血脈的全貌無法被釐清，其中勢必存在許多禁忌。

他們有一個共通點，就是一種漂泊人的氣質，似乎都在尋找著什麼。那彷彿是相對於農耕民族「扎根生活在祖先世代流傳的土地」的安穩的所謂漂泊。我遇到的峇峇娘惹人們，身上也都擁有穿梭於邊境的開拓者精神般的氣質。

這種氣質，或許可形容為「處事果斷」：當身邊發生不對勁的事，他們便捨棄土地和房屋，迅速打包整個家族的財產，並前往其他地方。那股令人感到緊張的特殊氣質的來源，或許是為了追尋機會而渡海，在土地上不斷移居的移民者基因吧。

葡萄牙、荷蘭、英國及日本，峇峇娘惹與這些接二連三入侵東南亞的強國交手，在歐洲與亞洲的隙縫中堅忍不拔生存下來。他們到底是何方神聖？在全球化的現代社會中，他們能告訴我們什麼有意義的事呢？而先人所創造的那些色彩繽紛的文化以及美感，又將由誰傳承下去？

本書將深入探索，神祕峇峇娘惹族群的真實面貌。

Lim Kim Choo
G.T. Lye
Hokkien Peranakan
"Manners and language make a true blue Peranakan."

第一章

李光耀的祕密

亞洲的時間感

二〇一二年五月，東京

坐落在日比谷的帝國飯店套房裡，聚集了大批身穿黑色或深藍色西裝的男女，他們都是官僚或外交官。除此之外，也能看出裡面有幾位身強體壯，應該是隨扈的男性。

在這個燈光昏暗的房間裡，大約有十五人，卻無人說一句話，異常安靜。他們的表情看起來緊張不安，每個人坐著，而大腿上都放著厚重的文件或筆記本。他們屏著氣息，等待自己的「老闆」從裡面的房間出現。

終於，李光耀現身了。他由三位男子攙扶著，靜靜地從門後出現。沒有人提醒我們，但全部的人包括攝影師與我都站了起來，現場的氣氛變得更加緊張。

李光耀

李光耀小心翼翼的維持身體平衡，往前方緩緩步行著。

看著他那毫無表情的面容和體態，讓我想起踏著滑步前往能舞台的老練能樂師。我還記得當時的自己立正站好大約兩分鐘，直到他走到桌子旁，並坐上椅子。

李光耀似乎走到了桌子附近，才發現我的存在。他不發一語盯著我的臉看，感覺過了十秒、十五秒……我突然明白他是在觀察我的面相。

二〇一二年五月，此時的李光耀已八十八歲。這是這位建立新加坡這個都市國家，並將新加坡打造成東南亞經濟中樞，亞洲首屈一指政治領袖的最後一次訪日，也是他最後一次在日本透過新聞媒體的談話。很明顯他已經雙腳無力，聲音也細小到難以聽見。李光耀用詞很短，語速也慢，讓人聯想到快要沒電的卡帶錄音機，但他的眼光依舊很銳利。

給日本的勸告

李光耀這天的訪談，傳達給日本的訊息毫無外交辭令，非常直截了當。

「政治領袖需要具備三個必要條件，第一是擁有超凡的政治魅力，第二是展現魅力所需的充分時間，第三是國民的信任感。」

「我之所以認為現在的日本社會和過去已經截然不同，是因為國會陷入了無益的紛爭，甚至令人感到是在自暴自棄。而且，日本國民看起來也不再具有日本人以往那種堅忍不拔的特質了。你們日本人很浮躁，做事不專心。那麼著急，是要往這世界的什麼地方前進呢？……」

李光耀此番話，是因為這個時期，日本國內相當混亂，首相年年更換，包括安倍晉三、福田康夫、麻生太郎、鳩山由紀夫、菅直人、野田佳彥等人，缺少一位強大的領袖來領導國家，政治局勢動盪。而且二〇一一年三月的東日本大震災以及福島第一核電站事故，重創了日本社會，使得人民內心充滿著不安。

李光耀敏銳地察覺到日本社會這種不安的氣氛，告訴我們日本人「不要焦急」、「振作起來」、「要找回自信心」。

看穿ＴＰＰ談判

當時，我試圖透過這次的訪談，詢問美國歐巴馬政府推行的《跨太平洋夥伴協定》（Trans-Pacific Partnership，縮寫為ＴＰＰ），李光耀對此談判的走向有何見解。我認為這個時間點上，對日本的讀者來說，李光耀這些有關ＴＰＰ的發言，是最具新聞價值的。

美國在二〇〇八年，也就是共和黨的布希政府末期，開始轉向推動ＴＰＰ。在更早之前，新加坡就是起草並推動ＴＰＰ原型的關鍵參與者。這個訴求自由貿易的協定採取小國聯盟的形式，不需大國參與，共有太平洋沿岸四個國家（汶萊、紐西蘭、智利及新加坡）參加。（譯註：指《跨太平洋戰略經濟夥伴關係協定》，簡稱TPSEP）因此，李光耀不只是一名徹頭徹尾的自由貿易主義者，也是亞洲第一貿易國家的國父。

——有人說美國主張的TPP，其自由化的水準太高，包括立即取消進口關稅，會使得亞洲各國無法跟進，您覺得呢？

「美國的要求只是談判上的戰略，不需要把事情想得那麼僵硬。任何國家在交涉上都必須為了達到目的而退讓。你看著吧，現在美國態度強硬，終究也會為了達到雙方同意而軟化。我不清楚日本擔心開放哪個領域的市場，但日本若要得到市場開放的回報，就必須考慮清楚。」

——但是美國談判態度看起來很著急。

當我這麼說的時候，原本講話像是在自言自語的李光耀，突然張開了嘴，愉快地笑了。他的表情似乎說著：我贏了，嘴張得相當大。

「不管美國人有多急，對亞洲國家來說，時間流逝的速度是不一樣的。邁向一個新的時代，需要很長的時間來變化。這次的談判，我想會花很多時間，但最後一定會有相對應的結果，並且，所有的談判國都會得到回報」

所謂「時間」

李光耀在訪談中，不斷提到了「亞洲時間」（Asian time）這個關鍵詞。

新加坡位在狹長的馬來半島前端，是一個只有東京二十三區那麼大的小國。過去還曾被鄰近的大國，印尼的政治家嘲笑是「小紅點」。但想必李光耀是將新加坡這個都市國家當作座標軸上的起點，持續靜觀著那貫穿亞洲歷史的漫長時光。

新加坡建國還未滿五十年，卻能以小國之姿昂首於美、中、日等大國之間，進行外交周旋，並傾力在貿易與投資上，創造了繁榮的經濟，也獲得國際政治上的安定。雖然李光耀被認為是發展性獨裁，具獨裁者色彩，但他推動國家進步的手腕和實績，也是毫無令人置疑之處。他的言行，也散發著那樣的自信。

ＴＰＰ的談判，最終在美國亞特蘭大定案，那已經是二〇一五年十月，也就是這次訪問結束後三年半的事了。雖然美國到最後關頭仍未改變完全取消關稅的前提，但在即將達到合意的關鍵時刻，美國不得不逐漸讓步，降低對亞洲各國的要求。這都和李光耀的預言一致。

李光耀所說的「亞洲時間」，到底指的是什麼？為什麼當時的我沒有想到呢？

「我不理解，為什麼日本可以如此頻繁地更換首相。政治領袖要做出成績，得到國民信任，最少也要一至二年的時間。而真正能做好事情的，還是在那之後的事呢。」

「中國完全沒有打算要像美蘇冷戰時期，與美國在決策上對立。因為中國需要美國的技術，以及投資及市場。而美國也極度渴望中國的市場。美中對立表面上你死我活，但最後仍會妥協，逐漸建立新關係與新秩序。」

「我可以預見二、三十年後，這個世界會變得如何。不過在那之後的四、五十年的世界，就算是我，也無法預見。」

李光耀看著我的臉如此說著，接著沉默了。大約三十分鐘的訪談，就這樣畫下句點。

沒問到的問題

訪談結束三年後，二〇一五年三月二十三日，這位超凡的領導人在新加坡過世，享年九十一歲。

後來我很懊惱，竟然沒有在他生前的一對一訪談的這個珍貴機會上，問到正確的問題。應該說，我覺得我應該可以提出更好的問題才對。

當我知道新加坡政府指名我擔任採訪者時，我就像個意氣風發的新聞記者，我想要從李光耀的口中挖出，可以寫成大標題的「新聞」。

除了有關ＴＰＰ的問題外，我還接二連三問了有關當下的時事，如中國建造了航母「遼寧號」，頻頻展現軍事能力，或是當時美國歐巴馬總統政權的「重返亞洲政策」，還有希臘脫歐等等……。

相較於以言外之意呼籲日本人「不要焦急」的李光耀，我認為我沒有好好抓住他想要傳達的訊息，因為當時身為採訪者的我，太焦急了。

如果時光可以回到那一天，我一定會毫不猶豫對李光耀這麼提問。

「自新加坡建國以來的半世紀中，哪一件事是你印象最深刻的？」

「你覺得為什麼在亞洲歷史的舞台上，你會作為一位政治領袖登場呢？」

「你的亞洲時間感是源自哪裡呢？」

比起詢問他對於眼下各種國際情勢的觀察，我更想知道，作為一個人、一個領導者的李光耀，他的人生觀和價值觀。提問的方式可以有百百種，但正在寫這本書的我，有一個最想問他的問題：

「你為什麼要一直隱藏自己的出身呢？」

「不要這樣叫我」

政治性考量

新加坡的建國之父李光耀，其實是一位峇峇娘惹人，但他卻刻意避免被這麼稱呼。

這是基於政治性的考量。李光耀作為政治領袖開始嶄露頭角的時刻，是二十世紀中葉的一九五〇年代，也就是新加坡和馬來西亞等地還是英國殖民地的時代。

當時，有一群上流階級的華人幫助了殖民這些地區的英國人，並且在英國東印度公司的保護下過著優雅的生活，這些人就是峇峇娘惹。

雖然李光耀事實上出身峇峇娘惹，但是身為當事者的他卻能保持著超然的心態，並且以他獨特的覺察力，觀察這緩慢流逝的亞洲時間。我想，這兩點背後必有所關聯，這似乎也與峇峇娘惹這個在東南亞歷史上留名的族群，在該地區經常被視為異己有關。

峇峇娘惹其實是曾經幫助宗主國英國工作的「打手」。他們在英國東印度公司的管理下，推動亞洲各國的貿易網路，經營包含新加坡在內的馬來半島和印尼諸島上的橡膠及香料農場，也經營生產錫礦等種類的礦山。此外，他們還身兼人力仲介，負責招募、管理不斷從中國大陸流入的移工。

因此李光耀與其家族如果被認為是這種依附英國的精英支配階層，必定會引發極大的風波。尤其在即將脫離英國、立志獨立建國的新加坡內部，將無法得到庶民階層的支持。

創造經濟繁榮的現代新加坡，是個讓人感到光彩炫目的都市國家，市中心林立著五、六十層樓高的摩天大樓，小小的國土上滿是法拉利、藍寶堅尼在奔馳。新加坡是一個人均國民所得超越日本的「富裕國家」，在豪華的游泳池和大廳、附健身房的豪華公寓裡，隨處可見億萬富翁。

但在二十世紀中葉，李光耀作為一名政治家開始嶄露頭角的時候，新加坡與其他東南亞國家一樣，只是一個飽受貧困和瘧疾困擾的發展中國家。如果沒有貧窮的百姓支持他，李光耀不可能實現他的夢想。這個夢想，同時也是一個宏偉的志向。也就是要在新的國家建立一個穩定的政府，「建設出東南亞最繁榮的國家」。

異己無法成為統治者

「不要這樣叫我」

李光耀曾在新加坡國會上清楚拒絕自己被稱為「峇峇娘惹」。這是發生在一九六五年，也就是新加坡從馬來西亞獨立後不久的事。當時擔任首任總理的李光耀，面對在野黨女議員蕭柏齡（Shew Peck Leng）的正式質詢上所作出的回應。

蕭議員也是峇峇娘惹人。她和李光耀相反，認同自己是「融合不同族群、文化、宗教的峇峇娘惹」，並以此展望新加坡的未來。

有人認為，對新加坡這個正在起步的新國家來說，展現其多元族群的國家特色，會是一項有意義的國家戰略。因此，蕭議員質疑總理的想法，認為身為新國家門面的第一任總理李光耀，應該主動透露自己的出身背景，自稱是峇峇娘惹人才對。

但是李光耀對蕭議員的問題和建議，毫不領情。他的理由是，峇峇娘惹這個名稱具有「在這個土地出生的外國人」的含義。

的確，Peranakan在馬來語中有著「在這塊土地出生的孩子」的含意，也有人將其解釋為「雖然是在這塊土地出生，但不是真正的本地居民。是出身外國（中國）之人的後代」。

若是如此，當新建國的新加坡被定位成「峇峇娘惹之國」，總理又自稱峇峇娘惹人，就會讓人認為，這些從中國大陸來到馬來半島的華人——尤其是獲得特權的峇峇娘惹人——支配著原住民馬來人。在政治世界裡，異己無法成為統治者。這就是為什麼李光耀試圖隱瞞他的出身。

不願被提起的族群問題

李光耀在國會質詢上表達了他的觀點，也就是他認為「馬來亞人」（the people of

Malaya）的族群觀更適合新加坡這個新國家。他還表示，希望自己被稱做「馬來亞人」（作者註：*Great Peranakans, Fifty Remarkable Lives*, 2015, Asian Civilisations Museum）。

李光耀的發言，除了轉移人民對於棘手的族群問題的注意力之外，其實也透露出李光耀的真意。也就是這些族群問題，最好能夠不再被提起。他希望不只是華人後裔，最好是馬來半島的原住民馬來族，以及印度移民的後裔也能與華人站在同一陣線上，並且讓這些人都能在選舉時支持他。雖然新加坡七成以上的人口是華人，但在整體上包括了華人、馬來人、印度人，是個族群多元的國家。

自一九六五年建國以來，新加坡政府就對國內的族群問題十分敏感。舉一個簡單的例子，現在新加坡有九成國民居住、由建屋發展局（Housing and Development Board，縮寫為ＨＤＢ）興建的公共住宅，每一棟建築物都規定了入住者的族群分配比例。這是為了讓不同族裔的人也能在日常生活互相接觸，不讓特定的族群過度集中而做的規劃。

比方說，假設作為少數族裔的印度裔居民集中住在一個社區的話，這可能會導致印度人的政治性集結。若特定族群爆發不滿情緒，進而群起動亂，可就麻煩了。所以為了防止這種情況發生，新加坡政府所作的預防措施，便是事先將居民依族群比例加以分散。

煽動族群對立的言論也受到《煽動法令》、《維護宗教和諧法》等法律的嚴格取締。（譯註：《煽動法令》已於二〇二二年十一月一日起正式廢止）並且，由於大部分馬來人皆是穆斯林，以中東為據點的恐怖組織伊斯蘭國（Islamic State）等的恐怖份子，不無可能潛入新加坡國內，因此新加坡警察經常監視著公共住宅或清真寺。

表面上看來，新加坡是一個族群多元國家，國內三個族群和睦相處，很少發生族群衝突事件。然而，這樣的社會穩定並不是自然產生的，是因為政府極其謹慎地對待敏感的族群問題；而且民眾本身受過的普遍教育，讓他們有意識地不主動提起族群問題；還有治安部門在幕後的周全管理。新加坡社會便是由這些要素支撐起的。

這樣的政治脈絡下，在公開場合討論族群問題便成為了一大禁忌，也因此，直到二十世紀末的一九九〇年代，峇峇娘惹這一特殊族群的存在鮮少有人談論。

支配者與被支配者

以下簡略地回顧，包含新加坡在內馬來半島的歷史變化。峇峇娘惹的根源並不簡單。事實上，過去的華人從中國大陸前往東南亞的路線並非單一，時期也是分散的。

在十九世紀末至二十世紀初的英國統治時期，馬來半島流入了大量來自印度和中國的勞工。因此馬來半島的經濟之所以如此發達，不僅是因為這裡擁有豐富的礦產和農作物等自然資源，也因為這裡有著許多工資低廉的勞動力。

被英國統治的原住民馬來人，以及遠自中國南方的移工，他們沒有基本人權，也沒有居民自主權。這些體力勞動者被稱為「苦力」，實際上也就等同於奴隸。

苦力被餵食鴉片，日以繼夜地工作，睡在像章魚房一樣的宿舍裡。那些曾是殖民母國的歐洲人，至今仍不願提起這些歷史。不僅非洲，亞洲也存在著慘無人道的奴隸歷史。

這些外來移工裡面，較晚來到的華僑被稱為「新客」，以此區分更早來到麻六甲海峽且已定居的峇峇娘惹。換句話說，峇峇娘惹是「老客」。可想而知，有錢的峇峇娘惹是支配者，而新客則是被支配者。

到了二十世紀，殖民地的知識份子尋求獨立，因此脫離英國統治的趨勢愈演愈烈。英國殖民政府被這些抗爭運動逼得宣布進入緊急狀態，以此鎮壓反對者。

這時有一位律師願意為這些被逮捕、且被送上法庭審判的工會成員及學生自治會領導人辯護。他就是後來登上政治舞台，成為新加坡首任總理的李光耀。

與共產黨攜手的諷刺歷史

在此脈絡下，李光耀獲得了勞工及學生自治會的信任，這也變成他強大的政治基本盤。他創立的人民行動黨（People's Action Party，縮寫為PAP，也就是日後新加坡唯一的執政黨）採取與左派勢力進行戰略性合作，展開罷工、示威等活動。

「只有馬來亞共產黨才能趕走英國，實現獨立。」

一九五〇年，也就是殖民地解放前，李光耀在一次著名演說中，高聲讚賞當時的馬來亞共產黨。擁護共產主義思想並非他的本意，但為了實現自己的政治抱負，他仍會在必要時選擇與共產主義者聯手。這是一個現實的政治決斷，而不是只懷抱著理念。諷刺的是，給人強烈獨裁印象，以立場保守著稱的新加坡執政黨人民行動黨，在成立之初卻是一個左派政黨。

一九五七年，馬來亞聯合邦自英國獨立；一九五八年，新加坡從馬來西亞獲得自治權，成為自治邦；一九五九年，新加坡舉行第一次大選，李光耀領導的人民行動黨獲得壓倒性勝利。

李光耀作為代表一般百姓的政治領袖，主張「趕走英國」，若是在選舉時，被大眾認為是站在英國旁邊的峇峇娘惹人，這會發生什麼事？強大的左派勢力必定不會信任李光耀，這就是他一直沒有承認自己是峇峇娘惹的原因。

短暫的接觸

值得留意的是，拒絕被稱為峇峇娘惹的李光耀，其實有一段時期曾密切接觸一個代表峇峇娘惹的政治團體。那就是現在持續發起繼承傳統及文化的「新加坡峇峇娘惹協會」（The Peranakan Association Singapore，縮寫為ＴＡＰＡ）。該協會前身是「海峽英籍華人協會」（The Straits Chinese British Association，縮寫為ＳＣＢＡ），而李光耀自願加入為會員。這是在一九五四年，人民行動黨成立之前的事了。

當時，與英國合作的峇峇娘惹，在新加坡的政治經濟上都擁有強大的地位和影響力。李光耀想利用強大的峇峇娘惹政治團體如海峽英籍華人協會的力量，並試圖將其轉變為一個政黨。

也有人指出，這個想法並非來自李光耀本人，而是來自峇峇娘惹社會的保守派。因為這些人想要在新國家成立後，也能保持著統治者的地位。這種觀點認為，保守的峇峇娘惹人吸收逐漸展現領導者實力的年輕政治家，打算利用他來維持自己的特權地位和利益。

然而，李光耀的理想是從英國獨立，與峇峇娘惹的立場——從屬英國——是完全的對立。進步派的李光耀和保守派的峇峇娘惹，兩者最終的分道揚鑣可說是相當自然的。在新加坡建國後，兩派人馬走上了不同的政治道路，而李光耀從此不曾說過自己是峇峇娘惹。

就這樣，李光耀與其家族封存了他們的出身及身分認同。這牽涉到的不只是華人、馬來人和印度人的族群問題，還有與前殖民母國英國的關係，以及新加坡國內統治階級與被統治階級的關係等等問題。因此這些麻煩事全被塞入盒子裡，並用鑰匙緊緊鎖上了。

李顯龍總理的自白

解開封存

「我是峇峇（I am a Baba）。」

這是李光耀的長子，也是現任新加坡總理李顯龍突然說出口的「自白」。

現場的賓客，是來自新加坡、馬來西亞、印尼等東南亞國家的峇峇娘惹人。他們的臉色瞬間僵硬。不過，眾多來賓並沒有意識到總理這份「自白」的沉重，儀式依然保持和諧的氣氛。在新加坡當地的峇峇娘惹群體中，屬於長老級人物，當時七十歲的黃萬慶，作為其中的嘉賓坐在會場第一排。他記得自己聽到李總理這句話，便不由自主的低聲說：「糟了」。

天啊，這麼重要的事情可以輕易在這種場合坦白嗎？據說這是黃萬慶當下的心情。這是在二〇〇八年四月二十五日，位於新加坡市中心的「峇峇娘惹博物館」開幕式時上演的事件。

這裡要稍微說明一下，李顯龍總理所說的「峇峇」，就是Peranakan話裡面「男性的Peranakan」之意。也就是說，總理自己承認了他是峇峇娘惹。但這應該是他父親李光耀所封存的家族祕密，不是嗎？

「峇峇」與「娘惹」

「峇峇」有個含義，是指有錢的「紳士」，硬要翻成日文的話，大概是口語上的「老闆」的意思。峇峇是馬來話的詞彙，但據說也是源自波斯語的外來語，有可能是來自中東貿易的波斯商人傳到東南亞。而在現代波斯語中，則是對祖父母的尊稱。最早是在馬來半島上從事貿易的印度商人，開始稱海峽華人的男性為峇峇，之後逐漸成為當地統稱男性Peranakan的用語。

李顯龍

另一方面，Peranakan的女性叫做「娘惹」，也有另一個含義，是指「貴婦」。峇峇娘惹的傳統菜就叫做「娘惹菜」，這是因為娘惹菜就是由母親口耳相傳給女兒的。娘惹菜的特色是會使用很多的辛香料。

「娘惹」源自爪哇語，最初是對「已婚外國女性」的敬稱。若回溯到更早以前，也有這個詞起源於葡萄牙語的「Dona」（婦女）的說法。考慮到葡萄牙是十五世紀開始的大航海時代中，第一個進入東南亞的國家，那就說得通了。另外在現代爪哇語中，也有「Nona」這個詞，意思是「成年女性」。

一旦嚐過以「娘惹」為名的正宗娘惹菜，便會令人感到沒齒難忘。娘惹菜的外觀很奇特，既不是中國菜，也不是馬來西亞菜，反而比較類似以咖哩為主的印度料理，但沒有那麼辣，口感溫順，甜味和酸味巧妙地融合在一起。有關峇峇娘惹豐富的味覺文化，將在後面的章節詳細解說，敬請期待。

沒有紀錄的「宣言」

回到先前的故事，李顯龍總理在開始演講前的自我介紹中，說出了代稱Peranakan男性的「峇峇」一詞。

這是新加坡開國元勳的李光耀家族，正式承認了其出身的歷史性時刻。儘管在此之前這已經是公開的祕密，但這是在新加坡建國約半世紀後，李光耀終生閉口不談的峇峇娘惹身分，首次公諸於世。

但是，有關李顯龍總理的「峇峇宣言」，並沒有記載在新加坡政府的官方記錄中。我找遍了國家圖書館等地，到處都沒有關於這個發言的證據。

我不曉得為什麼會被刪掉，但我推測，新加坡政府仍然設法避免提及李氏家族是峇峇娘惹的事實。這是因為只要總理一句話，就會引起各種風波。這個國家一絲不苟的官僚們，非常敏感地對應峇峇娘惹身分問題。

的確，「峇峇娘惹」一詞，會讓人聯想到隱藏在新加坡古老歷史中的敏感族群問題。至今在公開場合，帶著政治意圖地提及這個名字仍是禁忌。我想，李顯龍總理試圖以「峇峇宣言」，解除父親封印的峇峇娘惹身分，但未能完全如願。

席捲整個東南亞的風波

李顯龍總理的「峇峇宣言」雖然沒有留下文件或錄音檔案，但很快就從參加開幕式的人們口中，傳到了東南亞各地的峇峇娘惹耳裡，至今仍被傳頌。

我拜訪了幾位當時的與會者，詢問他們有關二〇〇八年那場開幕式的狀況。據說李顯龍總理並非像是早就做好準備，才說出「我是峇峇」的發言。或許，他只是想對現場的來賓說些應酬話，因此隨意地說：「我和各位一樣都是峇峇娘惹」。

新加坡峇峇娘惹博物館，作者攝

即便如此，他的「自白」對東南亞這個多元族群社會的民眾，還是產生了不小的影響。

「對我們峇峇娘惹來說，代表新加坡的總理本人承認自己是峇峇娘惹，具有很重大的意義。」

一位同樣出席開幕式，六十多歲的馬來西亞峇峇娘惹女士，感慨地說這麼說。

馬來西亞有一項有利於馬來西亞土著（Bumiputera，原意為「土地之子」）的特權政策。由於存在這種公開的種族歧視政策，許多馬來西亞華人很難抬頭挺胸生活著；況且峇峇娘惹還是華人族群中的少數者。這位女性可能覺得，鄰國新加坡最偉大的李顯龍總理承認他是峇峇娘惹，這件事似乎同時照亮了自身的存在。

「沒有人料到他會這麼說，因此我當下也不是很在意。不過開幕式結束後，我回到家靜靜地想一想，心中更是感慨萬千。我感到如此一來，這個時代終於告一段落了。」

一位七十多歲，來自馬來西亞，但現在具新加坡國籍的峇峇娘惹男性，也對李顯龍的這番話記憶猶新。現代馬來半島上的峇峇娘惹人們似乎覺得，他們雖不算是邊緣的一群，但也不算是一直走在光明的道路上。

峇峇娘惹博物館背後的動機

這真的是一個時代的終結嗎？先不論李顯龍總理內心的想法，這一天同時是新加坡政府開設了峇峇娘惹博物館的日子，因此背後絕對有著明確的國家戰略。首先，讓我們來看看新加坡國內的狀況。

新加坡內部存在各種族群，大致可分為華人、馬來人、印度人三種，而且還可以根據出身地細分出子群。全部共有多少類別，無法一一細數。

然而，新加坡竟然只為了其中一個族群的峇峇娘惹，在美術館和博物館林立的市中心蓋了一座氣派的專門博物館。不禁讓人思考在這股氣勢的背後，新加坡政府目的是什麼？儘管從表面上來看，這座博物館的目的，是向新加坡國民和外國遊客介紹峇峇娘惹獨特的文化和歷史。

再者，李顯龍總理在宣布博物館開張後微笑著繼續演說。以下摘錄一些他的發言，這是思考峇峇娘惹社會定位時相當重要的參考依據。

「縱觀其悠久的歷史，東南亞一直是整個亞洲文化潮流相互碰撞和影響的中心地帶。幾個世紀以來，中國和印度的商船都停靠在這裡，交易絲綢、香料和瓷器等商品。」

「許多商人和當地人通婚，在這片土地上安家立業。而他們的後代就是現在所知的峇峇娘惹。」

到這裡，可以回想一下本書序言所介紹的峇峇娘惹歷史。繼續聽下去會發現，原來新加坡政府的政策目的，早已被寫進這篇演講中。

首先是在演講開頭提到的，一般大眾所認知的峇峇娘惹起源。而接著是「新論」，也就是峇峇娘惹裡頭，實際上存在著各種不同的群體。

囊括所有少數群體

李顯龍首先舉出，從中國大陸遷移到麻六甲、檳城和新加坡三地且在地化的族群，是「第一種」峇峇娘惹。這一種就是所謂的「海峽華人」（Straits Chinese）。「海峽」指的就是連接亞洲與歐洲的海上運輸要衝——麻六甲海峽。

然而，李顯龍總理又接著提到了海峽華人以外的族群。例如印度穆斯林人「爪夷」（Jawi）、來自印度東南部科羅曼德爾海岸的印度教坦米爾商人的後裔「仄迪人」（Chitty Melaka），還有歐洲基督徒（主要是葡萄牙人）和馬來人或華人所融合的「歐亞族」（Eurasian）等等。

李顯龍總理舉出這些少數族群，使其與海峽華人平等。所有定居新加坡的少數族群都是「峇峇娘惹」，此舉等於是直接擴張了「峇峇娘惹」的定義。

換句話說，「峇峇娘惹」不僅僅只涵蓋了華人移民。峇峇娘惹是一個與當地原住民的馬來族有文化交流、並且進行通婚的華人移民，而這正是李顯龍總理試圖推翻的觀念。換句話說，包含祖先皆不相同的印度裔族群在內，只要是不同的文化、不同的族群、不同宗教碰撞後產生的獨特族群，他們都可以被稱為「峇峇娘惹」。

雖然這間博物館裡頭的展示品，全是狹義上的華人移民─峇峇娘惹相關物品，然而李顯龍試圖向新加坡人民傳達的政治訊息：「我們並非是為了獨尊華人才設置這間博物館的。」

換句話說，這就是新加坡建國以來的前提，「並非由華人來統治其他族群」。從這個意義上來談，現任總理可說是繼承了父親李光耀半個世紀以來，一直懷抱的後顧之憂。例如我在派駐新加坡時，有一位具有印度和馬來血統的男同事。他的輪廓很深，膚色也比較深，明顯與華僑不同，但他苦笑說：「按照政府的定義，我也是峇峇娘惹。」

李顯龍總理的解釋其實在學術上是正確的。馬來語和印尼語中的「Peranakan」一詞當中，有部分其實單純是指「子孫」或「後裔」的意思，並不是專指華人等特定族群。只是海峽華人的特色文化在馬來半島特別突出，所以當地人用「峇峇娘惹」來稱呼他們。因此李顯龍總理將「峇峇娘惹」一詞回歸其本義，作為其演說的理論基礎。

連接國民和歷史的橋梁

李顯龍總理繼續說道：

「更重要的是，新加坡人民將透過博物館的各種展示，連結自己的過去。人們會加深對自己歷史的理解，進而提醒自己我們是誰，我們來自哪裡。」

「（今天開幕的）峇峇娘惹博物館將為新加坡人民帶來豐富的文化生活，找回我們對祖先傳下來的遺產和歷史的驕傲，而且進一步加強我們的國族認同感。」

新設立的峇峇娘惹博物館，將成為串連現代新加坡人民和過去之間的橋梁。從李顯龍的話中，可以看出這座博物館，是基於龐大國家戰略所制定的計畫，並且經過政府內部討論後才設立的。李顯龍的話中，透露出他們想借用色彩繽紛又豐富的「峇峇娘惹」概念，來修復新加坡在發展時，脫離自身富饒歷史而產生的游離感。

超越並克服「文化沙漠」

西元二〇〇〇年代初期的新加坡在經濟上取得了極大的成功，穩固了自己作為亞洲的貿易、金融及電信樞紐的地位。然而，在文化及藝術面上，新加坡卻稱不上豐富。甚至還有人會嘲笑她是「文化沙漠」。

來自新加坡，能稱得上世界級的藝術家屈指可數。這麼說可能有些失禮，但是當你觀察在城市中行走的男男女女，他們的服裝和妝容時，你會發現這個國家的人並不是很在意時尚。

古典音樂方面，政府幾乎每年都會邀請維也納愛樂、柏林愛樂等世界頂尖的管弦樂團。然而，即使門票比日本便宜得不得了，花錢來聽音樂的也幾乎都是歐美人和日本人，而且很明顯座有虛席。可見新加坡為了發展經濟這個龐大的目標，便把運動競技及文學置之腦後了。

一直以來，新加坡全心全力的將經濟發展置於優先地位、向前推進，其產生的副作用就是「文化沙漠」。但若你停下來回顧歷史，你會發現新加坡的根源，其實蘊藏了豐富的文化和藝術資產，那些就像是凝聚了全世界的精華。我說的便是峇峇娘惹的文化傳統。

李顯龍總理和新加坡政府，重新發現了峇峇娘惹認同在現代的價值。如果將過去未見光的峇峇娘惹，打造成新加坡的新看板並加以宣傳，必定會引起全世界有品味的人們共鳴。

為了讓新加坡這個小國，能夠持續作為亞洲的樞紐繁榮成長，只靠有效地運轉過去五十年間建立的商品和貨幣經濟體系是不夠的。現在經濟價值正在從有形的工業產品轉向為無形的軟體或服務，例如音樂、藝術、影視作品、品牌、遊戲、設計、活動和資訊內容等等。

為了吸引來自世界各地，能夠產出軟實力附加價值的人才，必須想辦法讓新加坡成為那些有著敏銳觀察力的人才，會想要加以停留並且當作活動根據地的場所。無論新加坡作為一個都市國家有多麼方便且安全，若只是個沒有文化滋潤的摩天大樓叢林，是無法吸引那些充滿創造力的創作者及藝術家們的。我想新加坡政府對此一定非常焦慮，因為現在的新加坡一點都不「有趣」。

國家的強烈意識潛藏在後

「我們將在新加坡打造亞洲最強的文化及藝術的舞台」。李顯龍總理在峇峇娘惹博物館的開幕式上熱情地表達他的野心。建國之初，其父李光耀從未公開提到的「峇峇娘惹」，但在半個世紀後，李顯龍的演講中，卻變得極具影響力，轉變成建立國族認同的新概念。這個變化所代表的含義決不可忽視。

如果有機會到新加坡旅遊，一定要造訪位於市中心的峇峇娘惹博物館，這棟典雅的白色建築參觀。二〇〇八年開幕時，這裡還只是個鮮為人知的景點，但現在已成為新加坡的旅遊名勝之一，還有日語導覽。金光閃閃的傳統服飾、氣勢磅礡的珠繡、色彩繽紛的餐具、做工精細的高檔家具，這些都讓許多來訪者讚嘆不已。正如李顯龍總理所期望的，峇峇娘惹的文化傳統已成為代表新加坡的招牌之一，也是吸引遊客到訪的契機。

然而，本書的讀者應該能感受到，在這些精美的展示品背後隱藏的是新加坡政府的決心，也就是為了國家的未來，而峇峇娘惹這個詞及其概念加以運用的強烈意志。

第二章

色彩與香辛料

覺醒的十二歲少年

「我家是不是有點怪？」

這是新加坡人葉艾明（Alvin Yapp）十二歲時發生的事。當時的艾明察覺到，自己及家人的生活方式與學校的玩伴有些不同。首先，艾明和家人溝通的語言與其他家庭不一樣。再者，自己穿著的衣服有著不同色彩，甚至連餐桌禮儀也不一樣。

新加坡，是由華人、馬來人和印度人三個族群組成的多元社會。從五官和膚色來看，葉家怎麼看都是華人。然而，在家裡他們說的是一種特殊的馬來話，會參雜福建話的詞彙，有點奇妙。可以想像，艾明的朋友到他家裡玩，因為聽不懂艾明和他的母親及妹妹在說些什麼，而做出歪著頭的疑惑表情。

艾明的媽媽會在家常菜中使用很多祕方香料和堅果。新加坡華人大多是福建人或

葉艾明家的餐桌，玉井良幸攝

廣東人的後代，但艾明媽媽做的菜既不是福建菜，也不是廣東菜，大部分的料理，都是像咖哩這樣的湯狀物。餐桌上沒有筷子，而是湯匙和叉子。右手拿湯匙，左手拿叉子，一口飯一口菜吃著，很是熱鬧。

艾明家的廚房牆壁上方，有座「灶神」的祭壇，這是在他的朋友家中沒有的。他感覺總是有人從上往下俯視著自己，有些不舒服。

「我家好像有點奇怪？」

在煩惱的驅使下，艾明詢問經營貼紙工廠的祖父和父親，但他們似乎並沒有特別意識到自己家與其他華人的家庭有什麼不同。

「你說我們講的話、吃的菜跟別人家不一樣？這又怎樣？」

艾明的父親沒有停下手邊的工作，冷淡地如此說著。

「我以為我和大家都是一樣的，這使得我搞不清楚，自己到底是誰。我不喜歡這樣，覺得很可怕，甚至很生氣，大概是因為這樣，才變得自暴自棄，甚至還離家出走了呢。」

現年四十多歲的艾明，在自己的家中笑著回憶這件事。那時他的年紀，大概就是現在日本所說的青春期「中二病」吧。身分認同的失落感，加上頂撞長輩的念頭，當時他的心裡一定倍感挫折。

打開艾明心結的，是當他去鎮上的一家古董店時，偶然發現了一個明亮的粉彩色花瓶瓷器。他問了店老闆，對方告訴艾明，這是「Peranakan」（馬來語「在這塊土地出生的孩子」）的東西。那個花瓶的顏色，與艾明家的盤子、飯盒一模一樣。

「原來如此，我一直都是峇峇娘惹（Peranakan）。」

從那之後，艾明像是著了魔般開始收集古董或小東西，他前往圖書館，研究從中國跨海來到麻六甲海峽的華僑史，他也化身成背包客，造訪那些留有華僑在地化痕跡的東南亞各國。這是葉艾明的尋找自我之旅。

當艾明知道了中國明代鄭和的故事時，他感到特別的振奮。自十五世紀初，鄭和七次下西洋，自南海航行，抵達印度洋和阿拉伯半島。根據記載，他的艦隊最遠甚至抵達非洲東岸，也就是現在的肯亞。大航海時代自十五世紀中葉至十七世紀，尤其葡萄牙和西班牙的活躍特別為人所知。但其實在此之前，亞洲的海域是由大明帝國所統治的。

鄭和以龐大艦隊的實力，將明朝的霸權展現給了世人。而現代的峇峇娘惹人則將這位從中國航行至東南亞各地的鄭和半神化，視其為峇峇娘惹的英雄。

鄭和領導的艦隊，擁有六十二艘總長度約為一百四十公尺、稱為「寶船」的大船，而且這些寶船還連接著一百九十艘小船，總船員數規模高達二萬七千八百人。以現代來說，就像是緊盯著亞洲海域的美國海軍第七艦隊，鄭和的龐大艦隊也以其壓倒性的存在，對亞洲諸國加以震攝。

鄭和出海的目的，是貿易及海權控制。明永樂帝於永樂二年（一四〇四年）發布了禁止出海的命令，而且禁止建造遠洋船及外國通商，這就是所謂「海禁」政策。永樂帝將進出口的通商形式限定為國家管理的朝貢貿易、以此壟斷貿易權，並且為了鼓勵其他國家朝貢明朝，才會派遣鄭和到南海。

很自然地，有些人認為，每當鄭和與他的船員到達了東南亞各地的港口，都會與當地人互動；或是有些船員會因一些理由離開艦隊，並在當地安頓下來。的確，由於鄭和的艦隊，東南亞各地的馬來人、巽他人、爪哇人等民族有了更多與華人接觸的機會，這就是為什麼現代很多峇峇娘惹人都視鄭和為自己的祖先。

其中位於馬來半島西岸的麻六甲蘇丹國，是最積極於朝貢貿易的國家。因此，在鄭和艦隊的保護下，該國的國力也獲得逐漸提升。

說到麻六甲，這裡是峇峇娘惹最早扎根的土地，也被認為是峇峇娘惹文化的發源地。

「說不定自己的祖先，可能與這位支配全亞洲海域的人物有關。」

艾明非常熱中於這種充滿想像空間的峇峇娘惹歷史。

曾是異己的鄭和

鄭和其實是一名宦官。他出生於雲南昆明，那裡距離明朝首都南京很遠，可說是邊疆地區。鄭和家族是穆斯林，據說是先知穆罕默德的後裔，其父輩的歷代祖先曾跟隨成吉思汗遠征中亞，也曾效力於元朝的開國皇帝忽必烈。

在元朝國力衰退後，明朝入侵雲南時，年幼的鄭和被俘虜後遭到閹割。但鄭和服侍於永樂帝時，不斷創下軍事功績，爬升到了宦官的最高職位。

據說，鄭和是一位身高超過二公尺的高大男性（或許不應將他分類為男性），而且還是異教徒（穆斯林）。但他卻能作為明朝大艦隊的統帥，威風地率領艦隊巡遊亞洲各地。一個具異國背景的異教徒，卻維持了一個帝國的外交和貿易。或許這樣的故事，也帶給了現代同樣被視為異己的峇峇娘惹們勇氣吧。

鄭和並非男女二元性別的這項特徵，也與二十一世紀的峇峇娘惹有所連繫。這個部分將在第五章「創造未來的人」中繼續談到。

鄭和服侍永樂帝時年僅十二歲。同樣是十二歲，正值多愁善感年紀的艾明也開始探索自我認同。艾明說，認識了鄭和，「感覺得到了很大的支持」。就這樣，他的峇峇娘惹認同覺醒了。從十八歲開始，他對自己跟別人的「不一樣」更有了自信。

艾明三十年來一直在收集峇峇娘惹的古董。不知不覺中，他的房子裡堆滿了餐具、鞋子、家具和傳統服裝等等的東西。

有天他大膽嘗試，決定將自己的家改為公開的私人博物館。他命名為「The Intan」（馬來語和印尼語的「鑽石」之意），參觀採預約制。

久而久之，The Intan成為了新加坡著名的觀光景點，吸引絡繹不絕的外國遊客。葉家內部的模樣，也被放進新加坡航空公司的宣傳影片，使視聽者能夠看見新加坡族群多元的特色。這也同樣搭上了新加坡政府主打的，將峇峇娘惹作為國家門面，宣揚其豐富文化的政策。現在的葉艾明，也是一位名人。

峇峇娘惹古董餐具，玉井良幸攝

展示的是「生活」

「我想呈現出我們峇峇娘惹實際的日常生活。最好是可以圍聚在餐桌上，享用我母親親手做的娘惹菜，並一邊和來自世界各地的人們一起討論亞洲的歷史和未來。守護傳統就是創造未來的文化。像我們這樣不是很有錢的普通峇峇娘惹人，也有很多事可做。」

應艾明的邀請，我參觀了他的自宅兼私人博物館「The Intan」。這座小而美的兩層樓房，便是一整座擺放著峇峇娘惹工藝品及藝術品的展示櫃。

一走進玄關，眼前就是一個巨大的木製黑色神桌，這是峇峇娘惹家庭必備的配置。葉家的祖先保留華人特有的宗教觀，奉祀的神明混合了道教、佛教和民間信仰。峇峇娘惹通常將神桌設置在入口正前方，與日本將佛壇設置在家裡內部角落的形式不同。

通往二樓的樓梯兩側，擺滿了峇峇娘惹風格的飯盒「Tiffin」。柔粉色的琺瑯相當美麗，有粉紅色、淺藍色、藍色、黃綠色等鮮豔的色彩，而且表面上還有使用深色線條精心繪製的各種花卉圖案。圓筒狀的容器疊了四、五層，頂部有堅固的提手，可用來抓握及加以攜帶。

據說這些都是從新加坡和馬來西亞的古董店買到的。可以看到上面有坦米爾字。因為Tiffin飯盒最早來自印度。現今在印度或阿拉伯國家看到的Tiffin，是沒有包邊的金屬製品，較實用。但更有美感的峇峇娘惹，為Tiffin加上了鮮豔的裝飾，將其昇華為藝術品。

緊接著，我仔細觀察了餐廳內部的木製櫥櫃。堅固厚重的作工屬於英式風格，但

色彩繽紛的粉彩色飯盒，作者攝

在細部上卻鑲嵌著中國風格的雕刻。上面繪製的景象像是中國山水畫，但其中卻巧妙隱藏著鳳梨和鸚鵡。這個櫥櫃吸納了南國特有的元素，融合成不可思議的想像世界。

美感的相互較勁

我拿起了二樓展廳陳列的涼鞋，這遠看很像中國傳統的刺繡，但拿近一看，會發現上面密密麻麻地排列著極細小的玻璃珠。顏色也是明亮的柔粉色，圖案則是峇峇娘惹喜歡的鳳凰、牡丹、蝴蝶、仙鶴。這些極細的珠子直徑不到一公釐，據說是

古董珠繡，玉井良幸攝

從擁有許多玻璃工匠的捷克等波希米亞地區，以及法國和義大利進口的高級品。

據說，這些使用了金線、銀線，閃亮亮的峇峇娘惹刺繡的誕生，是蘇州有名的中國絲綢刺繡技術，再加上印度的設計風格所融合出的。

十八世紀末，隨著東西方貿易不斷發展，玻璃珠大量從歐洲流入。或許，當時追求美感又敏銳的峇峇娘惹設計師，對這種新材料產生了興趣，進而融合刺繡和玻璃珠工藝，用精細到令人難以置信的手工，創作出這些珠繡作品。

這些採用新技術製成的鞋子非常受歡迎，迅速傳遍了峇峇娘惹社區。珠繡技術發展成為了代表峇峇娘惹的工藝品，直至今日。製作一雙涼鞋或拖鞋，需要六萬到八萬顆珠子。雖然現在老師傳人數比以前少，但麻六甲仍存有幾間商店，持續和二十一世紀的娘惹們做著小生意。

期望更細膩、更繽紛、更生動，我想十九世紀，靠著貿易積累財富的峇峇娘惹，一定是用他們的財富，去追求讓自己最滿意的美吧。

正是因為對藝術品和奢侈品的需求，才開發出滿足這些需求的創意和技術，並推動了新產品的開發。由於麻六甲海峽，是東西方貿易的中心，因此可以獲得最新的材料、零件和技術。從西方的歐洲到東方的日本，一旦來自世界各地的稀有物品都匯集到了一個地方，接下來的挑戰，就是如何將它們結合起來，並創造出新的東西。

創新的本質

不過，艾明突然露出了自嘲的苦笑。

「老實說，我不認為峇峇娘惹創造了任何原創的東西。」

他的意思是，直到剛剛他自豪地給我看的物品，「實際上不是峇峇娘惹的」。他甚至用了「Nothing」這個強烈的字眼，這聽起來，像是一種自我否定。

「我收集的家具、Tiffin、餐具，大概都不是在這裡製造的。我覺得，峇峇娘惹會喜歡的東西，都是其他人、在其他國家製造的。」

「雖然這是峇峇娘惹族群引以自豪的傳統文化。但實際上，卻只是將中國、印度和歐洲的風格融合，再自己調整……」

我忍不住笑了出來。

「艾明，這就是創新的本質啊！」

工匠有著高超的技術，並不意味著他能做出突破性的新產品。他們都是找遍世界，使用現有的技術和零件材料，或者是向供應商下訂單，說：「我想要這種顏色的這種材料」。靠著這些方式，全新的產品才被創造出來。

現代的創新來自由消費者和市場需求的推動，而不是商品供應方的主導產物。美國的蘋果公司，之所以能夠開發出iPhone，難道不就是因為號稱所有用戶代表的史蒂夫・賈伯斯，毫不退讓向開發團隊提出他「想要的東西」？

當時對美有著強烈堅持的峇峇娘惹，靠著他們的消費力，帶動了東南亞在地的工藝創新。身為日本人的我，遠觀著一直無法生產出令世界驚嘆的新產品的日本工業，不禁產生了一個想法。

「我認為峇峇娘惹是歷史上特別具有創造力的人。」

當我對艾明如此說時，他看起來很高興。他默默地伸出手，想與我握手。

「對，你說得對。我很自豪，我是峇峇娘惹。」

是否可以說，他已經完成了探索自我的旅程呢？

專欄（一）：「Puranakan」還是「Peranakan」？

本書的內容，是根據我居住在新加坡的三年間（二〇一五年四月到二〇一八年三月）進行的訪談及研究。我採訪的對象，包括了熟悉東南亞歷史和

社會的研究人員，以及喜愛峇峇娘惹藝術或文化的人士。當我遇見聽過峇峇娘惹的日本人，通常會被問及一個問題：「Puranakan」（日語：プラナカン），或「Peranakan」（日語：ペラナカン），究竟哪個才是正確的拼音和發音？是「Pu」，還是「Pe」？

答案很簡單，這是介於「Pu」和「Pe」之間的一個曖昧的母音。至於哪一個最接近真正的發音？為了知道這點，我詢問了新加坡、馬來西亞和印尼當地認識的人。

我問他們，我現在要唸的兩個音，哪個比較正確？是「Puranakan」還是「Peranakan」？

我故意把第一個母音唸得特別明顯。結果，大多數人都說「Pe」更接近實際的發音，比例是七比三。特別是在以英語為通用語言的新加坡，我認為支持「Pe」的人比例更高。有一位馬來西亞的研究人員，聽到我強調「u」

的音時，他笑著說：「唸錯了」。

我想，英文拼音之所以寫作「Peranakan」，也是有其根據。因為兩者之間還是「Peranakan」比較正確。它在原始的馬來語和印尼語中，是一個曖昧的母音，但透過英語傳播後，發音更接近「e」而不是「u」。

另外，由於峇峇娘惹的歷史發生在英國殖民地時代，若使用從英語轉化的「Peranakan」，會使人聯想到殖民地的過去，因此，我聽說日本的歷史學和社會學方面的專家，傾向於避免這種寫法。

其實問題出在日本人這裡。因為日語根本沒有介於「Pu」和「Pe」的母音文字，而且我也不相信日本人的耳朵。有人說，他聽起來像「Peranakan」，也有人說，「不，我聽起來像Puranakan」。

大多數的日文書和網站，都使用「Puranakan」這個寫法，但這也僅是日本的世俗標準罷了。

那為什麼這本書也採用了「Puranakan」這個寫法呢？當然一方面是配合

多數派，另一方面則是身為作者的我出於個人理由，認為寫作「Puranakan」比較可愛！

峇峇娘惹的藝術品，都是用柔粉色，的確很有女性風格的惹人憐愛感。

其實，日文怎麼寫並不重要，但因為很多人詢問，我姑且在此記下了自己的想法。

二次覺醒：撿磚致富的商業精神

瓦礫山就是寶山

林明輝（Victor Lim）是一位裝飾瓷磚店的獨立經營者。在明輝高中時，他沒有很認真讀書，但他發現了屬於自己的「峇峇娘惹」。

一九七〇年代，正值經濟高速成長的新加坡，當地許多老房子因重新開發而被破壞。一棟棟摩天大樓直直地向天空延伸，大型商業設施吞沒了小型商店，到處都是工程，整個小鎮被灰塵覆蓋。那些樓房被拆除後的地上，堆起了大大小小的瓦礫山。

在放學回家的路上，悠哉的明輝打算來一場探險。他穿過圍欄，走進工地，混凝土碎片和鐵屑，發出了嘎吱嘎吱的聲音。他在暗灰色和棕色的瓦礫下，看到有一些東西閃閃發光，那是被細雨淋濕的瓷磚。

在好奇心驅使下，他隨手撿了一塊。當他用手擦掉上面的髒污時，眼前那生動的圖案讓他睜大了眼。不知為何，他很開心這塊瓷磚沒有破碎，形狀仍保持完整的正方形。這是明輝首次與峇峇娘惹風格的瓷磚相遇，也是他心中第一次感受到峇峇娘惹之美。

「當我發現一塊埋在瓦礫中，倖存下來的瓷磚，我只是單純覺得這太棒了。而原本它貼在被拆除前的建築物的牆壁和地板時，反而因為看習慣了，一點也不感興趣。」

用玩遊戲的心情收集「稀有物品」

明輝是祖籍在印尼的峇峇娘惹，但他並沒有特別意識到自己是峇峇娘惹。在家裡，柔粉色的峇峇娘惹餐具和裝飾品相當常見，所以即使他發現了一塊漂亮的瓷磚，也並沒有立刻被瓷磚的美麗所打動。

房子被拆了，而瓷磚留了下來……，他是因為這點而感動的。他想珍惜這個小小的發現，就只是這樣。

環顧工地，他發現還有其他沒有破碎的瓷磚。他找了一些看起來狀態較好的，帶了回家。其中他最喜歡的是，中間有深粉色玫瑰圖案，四個邊角有綠色裝飾，像相框一樣的設計。其他還有簡單的幾何圖案，以及精緻的花蝶圖案等等。

所有的圖案大約有幾十種，沒有想像中的那麼多，但即使是看起來相似的設計，也會因為顏色略有不同，或是線條有些模糊、有些清晰，各有各的特色。如果翻過來看，會發現背面刻著神祕的記號，似乎是製造商的標記。從此，小男孩明輝便開始他的瓷磚收藏之旅。

「每當有舊房子被拆除，我都會去看看。我會趁瓦礫還沒被搬走前，尋找沒有破碎的瓷磚，就像尋寶一樣。後來，我的朋友們也跟著加入，大家會四處收集街上的瓷磚。」

「有時候打牌輸了，可以用瓷磚交換，來代替金錢。有時是朋友搬家，他會把他的瓷磚全部給我；有時是有人不想要了，我就全部接收。當我回神過來，我手邊多了很多很多瓷磚。我父母的房子很大，所以我就把瓷磚分類，疊放在地板上。」

一開始，明輝只會在桌上排列大約十片他喜歡的款式，然後看著它們。但漸漸地，他的收藏，包括了有些許刮痕的，或是常見的、稀有的款式等等，越來越多。從一百片，變成一千片，最後超過了一萬片。房間的地板甚至被壓到變形。他的父母驚訝地問他，到底收集這些要做什麼時，明輝只能回答「我也不知道……」

靠「埋藏物」發大財

直到二十一世紀初，這種「埋藏物」才開始具有經濟價值。隨著社會對峇峇娘惹文化的興趣日益加深，越來越多人開始購買傳統古物，例如柔粉色的餐具，或是Tiffin飯盒。同時，新加坡政府主打著峇峇娘惹文化，在總理李顯龍的大力推動下，誕生了新的峇峇娘惹博物館。那些推放在屋子裡的瓷磚，便成了明輝的商品。

二〇〇一年開業的古瓷磚專賣店「ASTER」，位於新加坡市中心，毗鄰牛車水的一座古廟。數以千計的瓷磚鋪滿了店內的牆壁，十分壯觀。明輝使用可動式的架子，按尺寸和款式，整齊地分類。

排列並鋪滿在牆上的峇峇娘惹瓷磚，玉井良幸攝

說到價格就有趣了。分類的方式，是由明輝自行決定稀有程度後，再標價。公告的價目表翻譯後，內容如下。

A＝普通（Common）

B＝稀有（Rare）

C＝特別稀有（Very Rare）

R＝超級稀有（Extremely Rare）

X＝特殊收集品（Rare Special Collections）

A的價格是一片一百新元（二〇一八年五月時大約是八千日圓），X則是三百六十新元（約二萬八千日圓）。我問他，這個數字是怎麼想出來的，他回我，「看心情，哈哈哈」。明明是快六十歲的大

林明輝，玉井良幸攝

叔，怎麼像是個調皮搗蛋的高中生？的確，本來就是撿來的，成本零元。

新加坡人普遍較嚴肅，但林明輝很不一樣，他的穿著有點奇特。露出大腿的黑色短褲，腰間繫著一條大紅色的寬皮帶，腳上則是穿著和皮帶顏色一樣的大紅色運動鞋，搭配白色襪子。不曉得他是不是有在設計穿搭，他的上半身是一件樸素的白色T恤，衣襬塞在褲子裡。他戴著很多耳環、戒指還有手鐲，長髮用髮帶固定在頭底。他態度很冷淡，聲音就像上野阿美橫町（位於日本東京的購物老街）的賣菜老闆一樣大，回話也愛理不理的。我是從別人轉介認識他的。第一次見面時，我心裡其實有點害怕，心想：「這個人正常嗎？」

但一說到瓷磚，明輝的話就停不下來了。他是一個對自己的工作風格有著強烈堅持，而且相當自豪的人。他非常了解瓷磚，據說歐洲和日本的歷史學家還會前去尋求明輝的意見。

據明輝所說，被稱為峇峇娘惹風格的彩色裝飾瓷磚的款式，是來自第二次世界大戰前英國的設計。但並非只有英國製造。由於顏料裡的鉛具毒性，後來停止使用，因此世界各地的製造商，開始競爭開發新的顯色配方。

與二次大戰前的日本的關係

「雖然現在，大家說這是峇峇娘惹瓷磚，但其實並沒有那麼特別。這些是新藝術風格（Art nouveau）和裝飾風藝術（Art Déco）的瓷磚，在一九一〇年代到一九三〇年代這段期間，英國、比利時等地都很普遍地製造和販賣這些瓷磚，並流入了當時仍是殖民地的麻六甲和新加坡。」

他說，這些象徵峇峇娘惹傳統的美麗瓷磚，其實並不是峇峇娘惹自己設計的。

「在我到處收集時，我也了解到，這裡頭和二戰前日本的淵源。」

他遞給我一塊瓷磚，要我翻到背面瞧瞧。上面寫著「廣正製陶」四個字。這是一間位在名古屋的陶器製造商。

除此之外，還有標記來自名古屋的不二見燒、淡路島的淡陶、多治見的日本瓷磚工業等的瓷磚。明輝的研究中，發現到的日本製造商有十二間。生產時期為一八九〇年代至一九三〇年代，是日本的明治二十年代到大正、昭和初期。

原來，製造峇峇娘惹瓷磚的是日本公司。當時作為新興國家的日本，扶持了在東南亞蓬勃發展的峇峇娘惹璀璨消費文化。

「那時候我剛好失業。正當我胡思亂想下一步該怎麼做時，我看見房間裡那一大堆瓷磚。對我這個峇峇娘惹來說，已經看膩了，但扔掉也可惜，所以一直堆在那裡。」

「那個時候正好掀起了峇峇娘惹熱潮，我就想，或許年輕的收藏家和外國遊客會想買這些瓷磚。」

那是明輝五十歲時的事了。畢業後，他曾從事飯店業、房地產等工作，但正巧那時失業，因此他毫不猶豫，只要能賺錢，就把能賣的東西賣掉。他決定把超過一萬片的瓷磚讓出去。當時，他已經照款式和乾淨的程度分類好了，剩下的就是找一家店面陳列。他現在還在規劃，要開始重新找尋新的古董瓷磚。

明輝在高中時被喚醒的，是沉睡在他體內的峇峇娘惹美感意識。而在三十多年後，再次覺醒的則是他作為峇峇娘惹固有的商人本色。

峇峇娘惹之家

以空屋保留鼎盛時期

「我是在這棟房子的二樓出生的。那是日本軍隊穿過麻六甲、到達新加坡之前的事了。」

八十三歲的曾亨利（Henry Chan，音譯）的老家，位於馬來西亞麻六甲市舊城區的中心，而買下這棟房子的，是亨利的曾祖父。那是十九世紀中葉，麻六甲尚未被英國入侵，還是荷蘭殖民地的時代。

這棟房子怎麼看，都不像是已經超過一百五十年的老建築。內部滿是雕刻、黃金和鑲嵌裝飾，非常華麗燦爛。這種獨特的歐式與中式折衷的風格，是典型的峇峇娘惹式建築。這棟房子之所以會被如此精心地維護，是因為現在它被改建成了「峇峇娘惹

曾亨利，玉井良幸攝

古蹟博物館」（Baba & Nyonya Heritage Museum）。它已經搖身一變，成為麻六甲市最受歡迎的旅遊景點之一。

本書隨後將帶領各位深入探討峇峇娘惹的歷史，但在此之前，必須先讓各位欣賞那耀眼奪目的傳統文化。亨利的博物館完美地展示出巔峰時期他們最奢華的生活景象，因此對於剛認識峇峇娘惹的人來說，再適合不過了。

「父親去世時，我們四個兄弟聚在一起討論，該如何將這棟房子傳給後代子孫。我們已經無法過著沒有電的生活，但是如果把房子賣掉，就無法告訴下一代人峇峇娘惹人過去是怎麼生活的了。」

峇峇娘惹古蹟博物館，玉井良幸攝

兄弟之間想出的答案，是設立一個信託基金，讓這棟房子在基金的管理下，以博物館的形式開放給大眾。而曾家以農場生意致富的父親，他所收藏的傢俱和餐具等等，直接就可作為陳列展品。如此一來，就可以保留屋內本來的陳設，還能讓每個人都可以看見二十世紀初，富裕的峇峇娘惹的日常生活景象。

類似京都町家的結構

這種峇峇娘惹建築的特色，是正面較窄、深度深，有點類似京都的「町家」。（譯註：指日本傳統的木造連體式建築）

由於正面玄關部分經常用來當作店面或辦公室，因此又稱為「店屋」（Shophouse）。這種結構，最早可見於中國南方。這些房子一棟的寬度只有五公尺，但進去後會發現，內部是深達五十公尺的大宅院。之所以正面設計得較窄，理由和京都是一樣的。因為荷蘭殖民政府是按照房子的正面寬度收稅的。

亨利家在過去是將三間店屋連在一起，並作為一間房子使用，因此他們的家比周圍的房子大上許多。從玄關到裡面的房間，滿滿都以黃金和大理石加以裝飾。房子內部有兩個中庭，抬頭一看，會發現上面是露天的。熱帶雨林地區特有的颱風，會將雨水直接吹進房子，但低窪的瓷磚地板，可以將雨水收集起來並排水，因此屋內就得到了自然的採光。隨著天氣變化，屋內的環境氛圍也會有所不同。

我想，住在這房子裡的人，心情是否也會隨天氣起起伏伏呢？天空一放晴，便為之振奮；或是在雨天享受著雨聲和水的氣味，安靜地讀書。在沒有空調的時代，赤道上的熱帶生活，似乎充滿了詩意。

內裝的配色基本以金色和黑色為主。你可以想像日本的佛壇，整個房間都充滿著那種莊嚴的氛圍。該說是美麗，還是莊嚴呢？無論如何，都給人相當沉重的感覺。

特別是玄關大廳和入口附近的客廳，實在是奢華至極，我這想是為了刻意展現財力及權威。

大門上方的匾額，寫的是「瑞興」二字。據說這是曾家的家族格言，象徵著繁榮昌盛。這二字讓人一眼就能辨別，因此也可以說是曾家的商號跟標記。一進屋，就能看見黑底金字的匾額，寫著大大的「追遠」二字，這代表「思念祖宗」，提醒家人要記得遙遠的中國大陸，是峇峇娘惹一族的重要家訓。

「將傳統傳承給後代很重要，但老實說，這也相當沉重。」

作為一名建築師，亨利深知維護一棟老舊木造建築的成本有多高。他的父親強烈反對將他從祖宗那裡繼承下來，並在他這一代更加發光發熱的房子賣掉這件事。而母親倒是沒有表達意見。

曾家每個孩子都配有一個女傭，從起床到入睡，皆受到無微不至的照顧，生活很是奢侈。這棟房子充滿了他們童年的回憶，要把它跟著家產一起賣掉，實在於心不忍。因此，在父親過身後的一九八五年，亨利與他的兄弟們決定以博物館的型態向大眾開放，而不是將傳統保留在家族內部。亨利認為，如果將門票收入用來支應維護和管理的費用，就可以將傳統長長久久地的維持下去。

峇峇娘惹古蹟博物館的策展人和管理人曾梅莎（Melisa Chan，音譯），也是亨利的大女兒如此說道：

「我們會在這裡舉辦活動，例如由專家帶領的歷史研討會，或是珠繡的工作坊等等。我們不只有物品的展示，同時也希望能夠透過口述和親身體驗，來告訴大家峇峇娘惹的生活。」

每次參觀這座博物館時，遊客總是絡繹不絕。來訪的不僅有馬來西亞和新加坡的觀光客，也有來自歐美、中國和日本的遊客。

神桌與窺視孔

峇峇娘惹宅第的特色，是會將巨大的神桌擺放在面對玄關的位置。神桌上同時供奉著各種宗教，包括道教、佛教、儒家以及祖先，同時還掛著寫有各個菩薩，或是祖先名稱的掛軸及牌匾、中國歷史偉人的畫像等等。

峇峇娘惹式的神桌，玉井良幸攝

峇峇娘惹的宗教觀一般是多神教，這與一神教那種以善、惡，或是教徒、非教徒這種明顯區分他者的觀念不一樣。從這點可以了解到，他們處事的態度相當柔軟。從峇峇娘惹神桌的特色當中，我發現到他們的堅強與韌性。他們傾向於融入異國，並就此生活下去，而不是去征服其他國家。

屋內的隔間門及門楣上布滿著雕刻的圖案。大部分的圖案，是南國的動植物或風景，也有些是傳說生物，如麒麟和鳳凰。通往二樓的樓梯，背面是浮雕裝飾，上面鑲嵌著大量的黃金。連樓梯都被裝潢成了一件藝術品。

二樓主臥室的一角，擺放著維多利亞時代風格的四柱天蓬床，以及新郎新娘的禮服。這些禮服色彩鮮豔繽紛，明顯與中式禮服不同。據說新娘的頭髮盤得高高的，並戴上許多簪子，是源自馬來人的習俗。

二樓臥室的地板上，有個小小的「窺視孔」，這十分有趣。這是為了檢查樓下玄關而設計的。當看到不速之客上門時，主人就可以吩咐下人，告訴對方自己不在。亨利說，他記得小時候有一次玩得很晚才回家，被人在樓上的母親從洞孔發現，遭到大聲斥責。

其實在一樓也有個「窺視孔」。客廳與隔壁房間的隔間門上的雕花，有一道縫隙，可以透過這條縫隙看到客廳的內部，這也是故意設計的，可以用來查看客人的吃飯的快慢，以調整上菜的速度；或是相親時，用來觀察相親對象的臉，而不讓自己的女兒露面。在峇峇娘惹的住宅中，這種「窺視孔」隨處可見。這是為了保護自己的家人和財產不受敵人侵害，是生存在他鄉必需的智慧。

現代馬來西亞峇峇娘惹人的「盡頭」

亨利的曾祖父，從福建來到麻六甲，並和具有馬來和印尼血統的女性結婚。家裡使用的語言是峇峇馬來語，這是一種屬於峇峇娘惹的語言。從曾家掛在牆上的歷代家族合照，可以發現，裡面有些人的長相與華人不太一樣。

在馬來西亞，傳統上只有四到五代的祖先裡面有馬來人，這樣的血統才會被承認是峇峇娘惹。

相對於華人佔多數的新加坡，馬來西亞的人口結構，則是馬來人佔六成，華人佔二成五。雖然馬來人在人口比例上佔優勢，但是華人，特別是峇峇娘惹的族裔主導了馬來西亞經濟，因此政府實施了「土著優先政策」（Bumiputera policies）。這個政策的內容，即是在各方面優待馬來人，包括公務員任用、購物中心的店面大小等等。「Bumiputera」是從梵文轉化而來的馬來語，意思是「土地之子」。

當我問及峇峇娘惹的定義，亨利解釋，這並不是基於血緣，而是文化，例如食物或是所說的語言。也就是說，如何區分峇峇娘惹與之後作為勞工大量從中國移民的

「新客」，主要依據的是是文化而非血統：「文化是教育，是品味、禮儀，也是財力」。從亨利的語氣中，可以感覺得到他有一股驕傲，認為自己的家族，與其他華人不一般。

話說回來，Peranakan這個詞，本來就源自馬來語及印尼語，意思是「在這塊土地出生的孩子」。那是否與「Bumiputera」的意義是相同的？因此，「Peranakan」可說是區分一般華人之中，知識階級與富裕階級的概念，而「Bumiputera」則是區分馬來人與華人的概念。

然而，亨利的心情也很複雜，甚至感到灰心沮喪，因為他覺得那種人與人交會後，接連創造新的價值的時代，可能不會再有了。峇峇娘惹的祖先們，靠著與當地有權勢者通婚，並創造了經濟繁榮。由於地緣及血緣所建立的信任，是做生意不可或缺的條件，因此他們透過融合不同文化，以此來不斷改變自己。他們與馬來人通婚，也與英國人合作，這都是生存的手段。

然而，現代的馬來西亞已然是個伊斯蘭教國家，不同的文化之間便難以跨越宗教來進行融合了。因為，當華人和馬來人結婚時，就必須改信伊斯蘭教。

因此，現代的峇峇娘惹人，可說已經走到「盡頭」了。

專欄（二）：胡椒、丁香、肉荳蔻

香料，是峇峇娘惹賴以致富的東西方貿易之中經手的重要商品之一。十五世紀開始的大航海時代，有一名葡萄牙人名叫瓦斯科・達伽馬（Vasco da Gama），他在繞行非洲好望角的印度航線上發現了香料。原來大航海時代的船隻，他們的目標是胡椒嗎？大家應該在學校的世界史課本中沒有學到這些吧。

但是，仔細想想，真的值得為了胡椒而賭上性命，航行好幾個月到東南亞嗎？而且，這些香料之中只有胡椒嗎？香料貿易，聽起來很單純，但似乎不是那麼簡單。首先，對於與峇峇娘惹關係密切的香料，我們先來做初步的理解。

歐洲列強所想要亞洲產的香料，不只有黑胡椒，還包括丁香、肉荳蔻、肉桂、小荳蔻和生薑等等。這些都是印度和東南亞才有的特產。

胡椒的生長範圍很廣，重要的產地包括了印度南西馬拉巴爾海岸的卡利卡特（現在的科澤科德）、科欽（現在的科契），以及印尼蘇門答臘島等地。一七八六年的英國殖民時期，馬來半島的檳城建設了一個港口，又稱為「胡椒港」。這個港口是運輸蘇門答臘產的胡椒至歐洲的據點，因此得名。

丁香的產地，則只有位在印尼北方，靠近新幾內亞島的摩鹿加群島。摩鹿加群島其中的五個島嶼，如德那第島和蒂多雷島，在大航海時代被歐洲列強爭相搶奪，又稱「香料島」。

肉荳蔻的產地更少了，它只生長在摩鹿加群島南方的班達群島。荷蘭和英國，為了爭奪班達群島的統治權，一直上演著激烈的戰爭。島上的原住民也因此幾乎都被荷蘭人加以屠殺或者俘虜。

以上所列的這些島嶼，位於塞蘭海及班達海等地，是我們這些現代人幾乎不會在地圖上留意的海域。但從大航海時代一直到十九世紀末，這裡是世界上最熱門的爭奪香料霸權的舞台。順帶一提，肉桂是斯里蘭卡（錫蘭島）的特產。

麻六甲則是將從這些島嶼收集到的香料，重新裝載並運往歐洲的遠洋船的據點。在葡萄牙入侵之前，穆斯林商人頻繁在麻六甲活動。十五世紀的麻六甲王國，靠著印度的棉布和摩鹿加群島的香料貿易而致富。當時琉球王國的商人也會到麻六甲的進行買賣。

十七世紀，荷蘭東印度公司入侵，他們趕走了葡萄牙人和西班牙人，掌控了香料貿易的主導權。英國東印度公司本來也試圖入侵摩鹿加群島，但一六二三年，英國在安汶島（摩鹿加群島）戰役中敗陣，只好專注於治理印度殖民地。因此，東南亞的香料貿易便被荷蘭所獨佔了。

我本身對於這個時期中，竟然也有許多日本人進入東南亞地區這件事很感興趣。泰國的大城府和柬埔寨的金邊都有日本人聚居地，而且英國和荷蘭所爭奪的安汶島上，也有日本人居住，這些人甚至曾被英國和荷蘭雇用為傭兵。根據記載，有些日本人被荷蘭人抓到後，遭到了拷問，或被斬首。

大航海時代的全球化舞台上，除了穆斯林商人，以及之後成為峇峇娘惹的華人外，還有日本人及琉球人。只不過他們的後代子孫已經消失在歷史的遠方，現在已經不可考了。

這些香料的用途，究竟是什麼？胡椒其實具有抗菌、防腐、防蟲等功用，在沒有冷藏技術的中世紀歐洲，便成了料理的必需品。長途的航行需要長期保存食物，因此胡椒非常重要。有時候胡椒甚至是與白銀具有同等價值的高價品。

丁香的香氣很濃烈，通常會用來消除肉類的腥味，因此當地許多料理都會使用丁香。

肉荳蔻具有獨特的甜香，也可用來消除腥味，常用於漢堡肉或肉卷等絞肉料理，以及魚類料理，另外也常見於餅乾或蛋糕等烘焙料理中。除了以上介紹的這幾種之外，還有很多鮮為人知的香料。

娘惹菜中會使用的，例如增加濃稠度和香味的石栗、黃色的薑黃、外觀是黑色果實的黑果，當然也會有很多基本的辣味香料辣椒。娘惹菜也會使用香草，例如，帶有甜甜香氣的七葉蘭，以及香茅、泰國檸檬葉等等。

香料是娘惹菜中不可或缺的要素。娘惹菜的食譜往往是由母親口耳相傳給女兒的，因此每個家庭都有自己的祕方。他們會混合許多不同種類的香料，創造出多層次的味道和香氣。如果你拜訪了峇峇娘惹朋友的家，並品嘗他們的家常菜，可能會發現即使是同樣名稱的菜餚，味道也可能相當不一樣。

麻六甲、新加坡和檳城的貿易港口裡，載滿了從東南亞各地運來的各式各樣的香料。而支撐起荷蘭和英國的東印度公司的香料貿易的，其實是在背後實際執行貿易工作的峇峇娘惹。這些峇峇娘惹對於他們負責的商品，也就是香料的知識及經驗都非常充足，也因此得以讓這些香氣四溢，但既不是中國風、也不是馬來風的娘惹菜大放光彩。

第三章

日本的破壞與支持

命運的三年半

其實峇峇娘惹與日本有著深厚的關聯，甚至可說是無法斬斷的命運。從一九四二年二月十五日到一九四五年九月十二日的這三年半，或許可說是亞洲歷史上，峇峇娘惹和日本人關係最緊密，堪稱是命運交織的時期。

新加坡是以日本佔領期，作為戰前與戰後的分界點。

有些人跨越了那三年半而存活了下來，也有人無法跨越而就此消失，還有人雖然跨越了，卻被傷害得體無完膚。因此，戰前與戰後兩個時期的峇峇娘惹，便產生了截然不同的樣貌。

在這一章，我們將要深入日本和峇峇娘惹之間不為人知的歷史，連結那些被斬斷的記憶。為了達到這個目的，我們將委託一位近現代史專家擔任本章的導遊。

我來到一座舊大樓，這座大樓位於新加坡國立峇峇娘惹博物館旁。我打開面對走道的門，並走上陡峭的樓梯，來到了二樓的博物館辦公室。

館員熊子期（Jackie Yoong）小姐就在安靜的辦公室角落，用詞謹慎地對我描述起這些故事。

橫濱正金銀行的黑暗故事

首先，我先說明在日本佔領新加坡的時期裡，峇峇娘惹社群究竟發生了什麼事吧。我會基於學術的角度，盡可能客觀地陳述事實。

對新加坡人來說，這是不願回想的過去；對日本人來說，這應該也不會是一個愉快的話題。但是，為了推動日本和新加坡能夠攜手建設亞洲的未來，我希望日本人也能知道這些故事。

你知道在戰前，曾享譽世界的橫濱正金銀行的歷史嗎？我想應該不知道吧。日本的年輕一代，應該連這間銀行的名字都沒聽過。但是對於峇峇娘惹來說，橫濱正金銀行（Yokohama Specie Bank）是一家永不會被遺忘的銀行。

所謂「正金」（Specie），指的是金幣或銀幣之類的貨幣，也就是相對於只是紙本證明的紙幣，代表真實的金錢。橫濱正金銀行是東京銀行的前身，當時是國際結算銀行（Bank for International Settlements，縮寫為ＢＩＳ）。現在好像是叫做三菱東京ＵＦＪ嗎？我記得最近好像又改名了。

橫濱正金銀行是一間從明治維新到太平洋戰爭時期，獨佔日本貿易結算的特殊銀行。關於這家銀行的軼事，直到現在，這裡的峇峇娘惹仍會口耳相傳。

有一封個人收藏家保存的書信，在歷史學家之間，都知道這是日本強索資金的證據。橫濱正金銀行和峇峇娘惹人之間的資金往來都是有記錄的。我說得明白一點，這是日軍對峇峇娘惹人進行的「勒索」。

一九四二年二月，日本軍佔領了新加坡。日軍注意到林文慶（Lim Boon Keng）這位峇峇娘惹人，他在當時是連結日本和峇峇娘惹的重要人物。

林文慶是一名曾在英國愛丁堡受過教育的醫師，戰前也參與過政治活動，與英國殖民當局關係緊密。他雖是基督教徒，但同時也重視儒家思想，是一位善於掌握平衡點，思想很有彈性的現實主義者。

林文慶不僅是峇峇娘惹的領袖，還是成功的企業家。他在當地的華人社群很吃得開，對英國人、峇峇娘惹人、華人三個社群也很有影響力，非常突出。或許也因為這樣，才成了日軍的目標。

之後發生了肅清大屠殺……這個故事還是晚點再說好了。

但我要說的是，在這個殘忍的事件發生後，日軍立即開始向當地人民籌措大量的資金。

首先，當地成立了一個協助日軍的組織。日軍佔領當局為了統治當地居民，在一九四二年三月創立了一個名為對華僑協會（Oversea Chinese Association）的組織，並讓林文慶擔任會長。接著，日軍下令他們籌措相當於五千萬美元的資金（當時使用的是英領馬來西亞的貨幣）並捐贈給日本，以用於軍事費用。

勒索五千萬美元的日軍

由於日軍的命令無法忽視，林文慶拜訪了每個峇峇娘惹人家，試著說服他們捐款。峇峇娘惹與大多是貧窮勞工的華人不同，很多人是企業家，經濟上較為充裕。

但由於戰爭，很多人無法繼續商業活動，也因此沒有新的現金收入，而且他們的銀行帳戶還被日軍凍結，導致手頭也沒有多少現金。

日本軍透過林文慶和華僑協會，多次向峇峇娘惹人施壓，這些峇峇娘惹人為了籌措資金，不得不變賣家裡的財產。

為了開設這間博物館，我們訪問了很多峇峇娘惹人的家庭。有些年長的人，還記得自己的祖父母或是父母，非常捨不得地以低價賣掉了美麗的家具、工藝品、衣服和餐具等等的東西。我們必須將這些口述歷史傳承給下一代。我們也發現，這些被訪者的父母或祖父母所留下的手寫筆記，這些都是很珍貴的史料。

為了籌措上繳給日軍的獻金，許多峇峇娘惹人失去了財產，他們的家產四散在國外和古董店，峇峇娘惹的傳統文化就此煙消雲散。

但他們依然只能籌到二千八百萬美元。當時在英領的馬來西亞和新加坡，本來就沒有那麼多現金流通。

那麼，不足的二千二百萬美元該如何是好？日軍要求林文慶向橫濱正金銀行貸款。就這樣，峇峇娘惹失去了他們寶貴的財產，得到的只有橫濱正金銀行發行的借款證明書。

協助英國和中國的代價

熊子期小姐一開始的語氣較為平緩，但逐漸激動了起來。她出生於戰後，現約三十多歲，而且不是峇峇娘惹人。她雖然比一般的峇峇娘惹更了解他們的歷史及文化，但她說自己的族群認同是「廣東人」。她對於華人和峇峇娘惹之間的界線分得很明白，並在這方面有著自己的堅持。我可以看得出她努力保持著笑容，避免對現代日本人使用責難的字眼，但從她的眼神中，我感受不到笑意。是日本人毀了峇峇娘惹的文化。她話中就是這個意思。許多日本觀光客被峇峇娘惹色彩繽紛的餐具及點心、服裝等吸引，覺得這些東西「好可愛」。但是，這樣的「可愛」背後，隱藏了日本人早已忘卻的黑暗歷史。

由於熊子期小姐講得比較保守，我想要更多的說明，便去翻閱了資料。根據新加坡國家圖書館的紀錄和歷史文獻，峇峇娘惹人醫師林文慶是在新加坡淪陷幾週後，被日本軍傳喚的。這是一九四二年三月初發生的事。

等待他的是渡邊渡大佐（時任馬來軍政監部次長），以及高瀨通（時任日軍高級特約顧問兼通譯）。這兩人責怪華人支持國民政府，以及許多華人以義勇軍身分與英國軍隊並肩作戰。基於這兩項罪過，他們要求峇峇娘惹人「贖罪」，向日軍上繳獻金。

但是，英領時期的馬來亞和新加坡發行的紙幣總額只有二億二千萬美元。而且大部分都被凍結在銀行帳戶裡，市面上流通的現金量很少。短時間內要籌到五千萬美元這筆巨款是不可能的，日軍應該也明白這點。

繳款的期限，定在這場會談幾週後的三月底，不可能來得及。面對不斷施加壓力的高瀨通，林文慶等人不屈不撓向對方談判，讓期限得以延後兩次。

最終在六月二十五日，舉行了將五千萬美元的支票上繳給日軍的儀式。日軍代表是當時日本報紙稱之為「馬來亞之虎」的人物，也就是日本陸軍第二十五軍司令官山下奉文中將。

這五千萬美元的支票中包含了借來的款項，由林文慶親自以雙手交付。峇峇娘惹

新加坡國立博物館特展展出的山下奉文的軍刀

人的血汗錢，就這樣被交到了山下奉文的手裡。這張橫濱正金銀行的支票現今仍被保存著，上面可以看到林文慶的簽名。

據說林文慶等人為了等待山下奉文出現，立正站好等了一個多小時。山下在接收支票後，演講了近一個小時，內容是關於日本對英美開戰的意義，以及日本人的道德和美德等等。

日軍在短短三個月前才攻陷了新加坡，為什麼這麼快要求獻金？這個索求獻金的舉動，看起來是第二十五軍自行決定的。日本本土的陸軍省在收到這個計畫的報告後，於三月二十一日，向山下等人表達了對強索獻金的擔憂，並要求他們解釋這五千萬美元的用途（作者註：明石陽至，《日本佔領下的英領馬來亞及新加坡》，岩波書店，二〇〇一年）。

據說，山下奉文被當時的日本首相東條英機疏遠。山下從林文慶手中接下支票後，在七月被任命為滿洲第一方面軍司令官，這並不是一個非常重要的職位。有一位新加坡的歷史學家認為，山下是為了趕上自己的派令。也就是說，他把這些在新加坡籌到的錢，捲款帶到滿州了。

由於對山下率領第二十五軍的這些不明活動感到擔憂，因此東京的陸軍省便開始清查五千萬美元的用途。對此，第二十五軍的軍政部於三月二十七日，作出了以下的回答：徵收到的資金將用於國庫保證金、道路及港口的建設、發行建設公債的資金等七個項目。但是，山下等人實際上將這筆資金用在哪裡，至今已很難查證。

橫濱正金銀行的利息是百分之六，至於對華僑協會的二千二百萬美元貸款，在戰後由橫濱正金銀行認定「不需償還」。但剩下的二千八百萬美元，並沒有還給峇峇娘惹人。因此，當地的華僑團體在戰後賠償上，便向日本政府施壓並要求全數返還這些獻金。

在這樣的歷史背景下，許多峇峇娘惹人失去了財產。

我們把場景移回現代的峇峇娘惹博物館的辦公室。館員熊子期小姐，告訴了我們另一個峇峇娘惹在日本佔領時期的「失去」。她的語氣比剛才更為嚴肅。

肅清大屠殺

日本佔領時期大大地改變了峇峇娘惹的歷史走向。其中一個重要的原因，便是剛剛提到的，許多峇峇娘惹人的家庭失去了他們的財產。

但是，他們失去的不只是財富，失去的還有峇峇娘惹人的性命。我接下來要談到，我們稱為「肅清悲劇」的這個事件。

所謂「肅清」，指的是日本軍隊肅清、殺害許多華人的「肅清大屠殺」。現在日本的學校似乎不太會教這樣的歷史事實。

日軍在侵略新加坡之前，似乎已經在研擬「肅清作戰」的實施計劃。的確，從入侵後動作如此迅速這點看來，這麼推測也是無可厚非。一九四二年二月十五日，日軍隊佔領新加坡後，他們立即找到了「礙眼的華人」，並將其殺害。

「礙眼的華人」又是誰呢？日軍沒有明說是「峇峇娘惹」。但是，許多峇峇娘惹都自動被分類進去了。因為日軍指定捕捉和殺害的對象，就是曾金援國民政府的那些人。

本來居住在這裡的峇峇娘惹大多親英，因為他們透過與英國合作，累積了財富。但同時，許多峇峇娘惹人也是親中的，因為有一部分逃離大陸戰火的中國人潛藏到了新加坡。

「肅清事件」持續了大約兩個星期，從一九四二年二月底到三月初。所有年齡在十八歲到五十歲的華人男性，被要求到島上的幾個登記處露面。對象只有男性。日軍會當場判斷他們是否是「礙眼的華人」，然後用卡車載走。至於發生了什麼事……，後來找到了大量被埋葬的屍體。

有人稱這是新加坡版的南京大屠殺。日本認為受害者人數是五千人，但新加坡和澳洲的歷史學家估計是二萬五千到五萬人。

這對日本人來說，應該是很震撼的故事吧。據說被害人是在排列整齊的狀態下，遭到機關槍射擊殺害。那些屠殺的地點包括樟宜和聖淘沙等，正好是現在被評價是全球最好的樟宜國際機場，而聖淘沙島則是有名的綜合度假區。這兩個地方現在都是有很多外國觀光客到訪，熱鬧且明亮的地方。

日軍的目標還包括受過高等教育的華人，如教師、律師、醫師等。因為他們也害怕這些知識份子會成為抗日運動的領袖。同時，這些受過高等教育的人，很多也是富有的峇峇娘惹家庭。

女性則因為害怕被抓走或被強暴，而躲到房子深處。有人認為已婚女性不容易被強暴，因此日軍入侵前，許多年輕女性急急忙忙結了婚。如此一來，峇峇娘惹只在自身群體內部通婚的傳統，便被打破了。峇峇娘惹的黃金時代，因日軍的入侵，就此告終。

無形的羈絆

日本人的責任及義務

對身為日本人的我來說，與館員熊子期小姐進行的訪談是一段令人心痛的時間。多數的日本人只會從峇峇娘惹人華美的工藝品及美術品當中，感覺到與日本相當不同的異國美感。但事實上，日本與峇峇娘惹有著密不可分的關係。日本不應該只是從遠方眺望，或許日本正是破壞峇峇娘惹傳統的那一方。熊子期小姐謹慎地不使用偏激的用詞，開始對我這麼解釋。

可能會有人認為，這個見解太過偏頗，但我們至少必須知道，新加坡人已經牢牢記住日軍是殘忍的破壞者。歷史書籍上只有記載肅清大屠殺的被害者是「華人」，但請務必知道那其中大多數是峇峇娘惹。如果喜愛且尊重峇峇娘惹所創造的美麗事物，我想日本人也有責任及義務去思考自身與峇峇娘惹之間的歷史。

熊子期小姐在訪談中，不僅只有指出日軍的非人道行為，也說明了日本佔領期較正向的一面。

其實一開始，日本的統治是備受期望的，因為比起英國，日本同屬亞洲的一份子。但由於這份期望被背叛，新加坡人「醒悟」了。有一個見解是，在日本統治新加坡並稱這裡為「昭南島」的三年半裡，新加坡開始決心獨立，不願再受任何人的支配統治。

新加坡首任總理李光耀，曾在自傳中寫下自己曾被日本軍人毆打過。確實，正因他經歷了對日本的期望和失望，才決心獨立與建國。許多峇峇娘惹很高興戰爭結束後日軍離開、英國回歸，因為他們以為自己可以重新得到戰前既有的權利。但是以李光耀為首的部分峇峇娘惹領袖則產生了不同的想法。無論對方是日本還是英國，他們都下定決心要脫離被統治的角色。

觀音像所拯救的生命

李玉波（Lee Geok Boi，音譯）小姐是新加坡極具影響力的報社《海峽時報》（*The Straits Times*）的記者。她的著作《昭南》（SYONAN）於二〇一七年發行二版，內容是日本佔領期倖存者的訪談紀錄，並且重現了當時的情景。李玉波同時也是歷史研究者。以下是收錄在她書中的故事，描述者為她的父親。

日軍入侵不久後，很快踏進了李家。當士兵們發現靠近入口的神桌上，供奉著觀音菩薩的神像時，他們在驚訝之餘，態度也跟著轉變。

那是一個普通的神桌，如同每個峇峇娘惹人家裡擺的一樣。峇峇娘惹的宗教觀是多神教，基於祭拜祖先的傳統，通常會在中間放置記錄了已故的祖父母或父母名字的牌位。除此之外，也會擺放中國歷史的偉人、名師之類的圖畫，以及佛教的佛陀或菩薩神像。李玉波父親家中的神桌，則擺放著日本人也熟悉的觀音像，這似乎深深震撼了日本士兵。

士兵們向觀音像深深鞠躬，並且在李玉波父親的耳邊小聲說：「如果軍政部傳喚你，不要去登記處」。他們沒有施加任何暴行，而先前也提過，不知情的華人到了登記處，會被抓走並殺害。

李玉波說，「並不是所有的日本兵都是壞人」。或許士兵們看到觀音像，恢復了人性。因此透過流傳亞洲的佛教，李玉波的父親獲得了救贖。日本士兵雖然聽命山下奉文中將和渡邊渡大佐等人的命令而行動，但並沒有完全變成惡魔。他們每個人都和華人、峇峇娘惹人一樣是亞洲人。這是一個對我來說稍微覺得心情輕鬆一點的故事。

支持消費文化的日本工藝

其實早在戰爭開始前，日本和峇峇娘惹就有著深厚的關係。前面提到過，裝飾瓷磚商人林明輝找到了明治、大正、昭和初期，日本各地生產的峇峇娘惹瓷磚。並且，在峇峇娘惹最鼎盛的時期，暗中支撐起他們的消費文化的，其實就是日本。雖然當時的製造商現在大多不存在了，但林明輝的店鋪仍販售著這些日本製造的峇峇娘惹瓷磚。

為了呈現出峇峇娘惹喜愛的鮮豔色彩，過去的這些日本製造商競相推陳出新。日本傳統窯業的歷史積累，也有助於他們開發新產品。日本製造商發明出的獨家色調，上釉和顏料等等，都有別於先前的英國及比利時的產品。

如果你有機會造訪林明輝先生位在新加坡的店鋪，建議你可以將這些在不同國家生產的瓷磚拿在手上比較。你可以從上面精細的圖案和顏色，感受到戰前日本工匠的熱情。

從新加坡市中心往北開車約十五分鐘，就可以到達加東區。這裡有很多與峇峇娘惹文化相關的商店，以及峇峇娘惹居民。老字號的「金珠」（Kim Choo），是一間販賣糕點、餐具等雜貨的店家。這家店裡面有日本有田等地生產的盤子、壺等等的收藏品。

這些東西曾經是為了居住在麻六甲海峽一帶的峇峇娘惹人製造的。其中有一套非賣品，是老闆特別珍藏的日本「細頸酒器」和「鳥鳴酒器」，價值不菲。

老闆以水代酒，向我們示範如何使用。把水倒入酒器時，會發出像是鳥鳴的聲音，而且還滿大聲的。這個設計是利用了水笛原理。酒器內部被垂直劃分成兩個空間，倒酒時，水位的高低差會引發空氣複雜流通，因此發出鳥鳴聲。據說這是在日本江戶的元祿時代發明的。

你是否可以想像，戰前富裕的峇峇娘惹們使用日本製造的細頸酒器，喝酒暢談的場景呢？在英國保護下發大財的峇峇娘惹人們，只要有美麗、稀奇、有趣的東西，就會毫不猶豫從世界各地取得。而且想必他們對自己的收藏、服裝等等都很有自信，會彼此互相炫耀。

細頸酒器主要是在日本東海地方（譯註：泛指日本愛知縣、岐阜縣、三重縣、靜岡縣一帶）生產的。我不確定金珠的收藏是否為有田燒，但我可以想像一下這套酒器過去是前主人的心愛珍藏。

珠繡工藝的傳承

金珠是由家族經營的糕點兼雜貨店。四十多歲的黃俊榮（Raymond Wong），是服飾部門的負責人。他是峇峇娘惹，從母親那邊的祖先算起，是來自中國福建的第六代。俊榮除了負責可巴雅紗籠裙（女裝）和巴迪衫（男裝）的設計之外，還教授峇峇娘惹的代表性傳統工藝，也就是珠繡的技術。

據他所說，珠繡所使用的細小玻璃珠子，也是日本廠商供應的。雖然他們也會使用從捷克進口的產品，但也很信任日本製造商ＴＯＨＯ（位於廣島市）的產品，因為品質穩定且色彩種類豐富。

黃俊榮的珠繡技術是從基督教會的朋友那裡學到的。由於細小的珠子直徑只有零點七公釐，要一個一個排好去縫，可以想像這項手工藝需要極大的耐心。他最早獨力完成的作品，是一塊長寬二十公分的布，而且圖案相對簡單。但即使如此，他也花費一年半的時間才完成。當時的他是二十四歲。

於是俊榮思考，要如何減少手工部分的負擔，好讓每個人都能來做珠繡呢？他想到了一個方法。他發明了一種先以電腦繪製精細的設計圖稿，然後將指定顏色的珠子縫到指定的坐標上。他開設一間面向一般大眾的珠繡教室，並採用這種製作方式。結果前來報名的學生意外地多，而且打開門會發現，裡面大部分都是日本女性。

「不管是在麻六甲還是新加坡，熟練珠繡工藝的人已經屈指可數了。說不定未來，繼承峇峇娘惹傳統技術會是日本人呢。」

俊榮的學生超過三百人，其中百分之九十以上是日本人。他們大多是被細膩的色彩吸引而前來拜訪的年輕人，還有跟著在日商工作的丈夫，一起外派到新加坡的女性。有些日本人從俊榮的教室學到了高超的技巧，回到日本後，還成了珠繡的藝術家。

「我們峇峇娘惹和日本人之間，有著共同的韌性和美感。」

當我問俊榮，你會用什麼話來解釋這種共通點，他回答了「可愛的感覺」。我發現，我明白了日本人為什麼會被峇峇娘惹的美感所吸引，以及峇峇娘惹為什麼會對日本人抱有期待了。

專欄（三）：海峽殖民地

「海峽殖民地」（Straits Settlements）與峇峇娘惹有著密不可分的關係。所謂狹義上的峇峇娘惹，也就是華人中的具特權階層，因此可說他們是英國建立的殖民地的「私生子」。由於本書將會多次提到海峽殖民地，因此先在此和各位一起回顧歷史。

「海峽殖民地」是十九世紀到二十世紀上半葉（更準確的年份是一八二六年到一九四六年），英國在馬來半島設立的殖民地。最早是由靠近麻六甲海峽的檳城、麻六甲和新加坡三個地方構成的。一八八六年，澳大利亞西部的科寇斯島和聖誕島也被編入其中。一九〇六年，位於婆羅洲海面上，靠近現在汶萊的納閩島也被編入了。

十九世紀初，隨著荷蘭在拿破崙戰爭衰退，英國取代了荷蘭，成為主導亞洲貿易的一方。英國進軍東亞（包含中國和日本）的橋頭堡，便是前述的馬來半島上的海峽殖民地。海峽殖民地擁有港口城市，是中國大陸的華人尋求機會和成功之旅的目的地，也是他們在地化轉換成峇峇娘惹之後所活躍的舞台。

負責代表英國進軍亞洲的是東印度公司。這間公司首先與馬來半島西岸的吉打王國的蘇丹（國王）進行交易，於一七八六年獲得了海上的檳城島。

由於吉打王國被暹羅（泰國）的阿瑜陀耶王國，以及從印尼遷徙到馬來半島的布吉人等勢力夾在中間，因此需要英國的經濟和軍事支援。請查看本書卷頭的地圖（殖民地時代的麻六甲海峽）。以歐洲的觀點來說，檳城島正好位於通往東亞的麻六甲海峽的入口處，地理位置十分重要。

麻六甲大約位在麻六甲海峽的中間、馬來半島的西岸南部。這個地方在十六世紀，被葡萄牙統治，到十七世紀中葉為止，則被荷蘭統治。在英國和荷蘭不斷上演爭奪戰後，十九世紀中葉的一八二四年，簽訂了英荷條約，麻六甲便成為了英國的領土。

英國、荷蘭的殖民地原先散布在馬來半島和印尼的蘇門答臘，但英荷條約締結後，兩國在東南亞的「利益分配」便確定了下來。簡單地說，英國的領土劃分為現今的馬來西亞，荷蘭的領土則是現在的印尼。

這兩個國家本來是一個地區，就像兄弟一樣，是因為以前的宗主國英國和荷蘭才分裂的，這點必須牢記。現代的馬來西亞語和印尼語其實幾乎是相同的語言。

麻六甲是一個國際城市，並且在歐洲列強入侵前已經是一個繁榮的貿易港口。一四五〇年，明朝的永樂帝派遣的鄭和將軍艦隊首次駐紮在麻六甲王國。麻六甲王國透過了朝貢貿易與明朝建立同盟關係，也借助了明朝的霸權實力，控制住北方大國暹羅（泰國）和蘇門答臘島的蘇木都剌國的侵略。

綜上所述，從十五世紀中葉開始，麻六甲作為透過香料貿易，成為連結了東西方貿易的重要樞紐因而致富，這就是海峽殖民地的前史。直到十八世紀，檳城崛起之前，麻六甲都是東南亞最大的貿易港口。也因為如此，葡萄牙、荷蘭、英國等歐洲勢力覬覦這裡，並侵略。

現在的麻六甲已不再是貿易港，而成了觀光景點。在這裡的舊城區，可以看到曾經繁華的峇峇娘惹風貌，以及歐洲各國統治所留下的足跡。

不過，現在麻六甲已經開始嘗試重新成為國際都市。二〇一六年九月，根據中國的習近平政權提出的「一帶一路」政策，發起了中國和其他國家共同進行的大規模開發計劃。這些計劃的內容包括建造人工島、港口和工業區等等。或許這會像過去一樣，在明朝的軍事力保護下靠著貿易致富。而二十一世紀的現在，也將持續加深與中國的合作，也說不定。

位於馬來半島最南端的新加坡，是由充滿冒險精神的英國東印度公司員工湯瑪士・萊佛士（Stamford Raffles）於一八一九年發現的。據說當時，新加坡還是一個長滿紅樹林，人煙稀少的島嶼，人口僅約有一百五十人。東印度公司從柔佛蘇丹國接收這裡之後，英國便將島嶼指定為自由貿易港，成為貿易樞紐。隨著與中國、印度、澳洲和歐洲的貿易不斷增加，新加坡也不斷成長。一八六九年，蘇伊士運河開通，歐洲與亞洲的距離也變得更近了。

東印度公司於一八二六年，將這三個地方合併為海峽殖民地，而統籌的總部最早設在檳城，海峽殖民地總督也派駐在這裡。檳城也是三地中人口最多的地方，有英國人、峇峇娘惹、孟加拉商人、阿拉伯商人和波斯商人，因此這裡非常熱鬧。

萊佛士的機運非常好，到十九世紀後半葉，新加坡以驚人的氣勢成長，因此東印度公司在一八三二年，將行政中樞轉移至新加坡。新加坡成為了裝運港，貨物包括香料、茶、鴉片、砂糖等農產品，還有天然橡膠、銅等等資源。

除了貨物以外，人也會聚集在這裡。來自中國大陸、印度和東南亞的勞動力大量流入了新加坡，他們在礦山、農場或是港口工作，因此新加坡也成為勞工的流通基地。

不過，海峽殖民地在事實上似乎並非英國的收益來源。雖然東西方貿易蓬勃發展，但由於當地多為無關稅收入的自由貿易港；而且在香料價格暴跌後，東印度公司在海峽殖民地其實無法賺取到期望中的收益。

海峽殖民地自十九紀中葉以來，一直是英國在東亞的基地，也是東西方貿易的中心和峇峇娘惹故事的舞台。它的繁榮一直持續到二戰期間的日本佔領時期，直到戰爭結束後，於一九四六年解散。因此，海峽殖民地的時代，等同於峇峇娘惹的時代。

第四章

商業貴族的地政學

億萬富翁之街

老街殘存的面貌

馬來西亞的古都麻六甲，至今仍然保留著峇峇娘惹上流社會的面貌。我來到了舊城區裡面一條俗稱「億萬富翁之街」的地方，訪問了生意人陳淑珠女士。陳淑珠來自一個擁有悠久歷史的家族，且是這個家族的宗長。陳家的歷史可追溯到十八世紀，當時的麻六甲還是荷蘭領土。她不僅是當地的名人，還是馬來西亞頂尖的上市公司「聯合麻六甲」（United Malacca）的董事長，在東南亞財經界頗負盛名。

二十世紀初，美國底特律發生的世界汽車工業革命，大大地改變了陳家的命運。一九〇八年，美國福特公司開始生產T型車，推動全世界對輪胎的需求急遽增加，因此陳家透過在今天馬來西亞及印尼經營的橡膠農場，賺取了巨額財富。

陳淑珠女士，玉井良幸攝

若是說支撐起美國自動汽車工業的是東南亞的峇峇娘惹人，一點也不誇張。他們掌握的天然橡膠大型農場，全都被納入二十世紀前半汽車工業的供應鏈。隨著全世界汽車銷售的持續增長，透過英國公司租出口的橡膠隨之增加，峇峇娘惹的荷包也越賺越飽。

「我們家族往前算第七代，最早的祖先是從中國福建移居到麻六甲的。那是一七七一年到一七七五年之間，還是清朝的時代。」

陳淑珠女士穿著色彩鮮豔的可巴雅紗籠裙，這是讓人眼睛為之一亮的民族服裝。她告訴我們陳家的歷史。她把長長的白髮梳成包頭盤著，是標準的娘惹貴婦風格。她帶我參觀陳家屋宅，並向我介紹陳家祖先的肖像畫和照片。

她們家姓陳（Tan），但是陳淑珠不諳漢字，包括文獻和掛軸上所寫的。她指著門口垂掛的紅燈籠和祭壇上供奉的位牌，很認真地問我：「上面寫了什麼？」。我翻譯給她聽，例如：「這上面寫的是，為陳家帶來幸福」，讓這段採訪變得十分有趣。

在清朝，當時的女性不能離開中國境內，因此陳家的男性娶了馬來人女性，作為在當地的妻子，也就是從「華人」變成了「峇峇娘惹」。最後他們也捨棄了華語、忘記了漢字。

唯獨鴉片不能運送

陳淑珠的高祖父經營了一間海運公司，其業務為連接生產香料的印尼諸島和國際商港麻六甲。陳淑珠說，「陳家的公司唯獨鴉片沒有運送」，可見她對家族的歷史感到光榮。當時在荷蘭統治下、被稱為「東印度」的印尼各地商品，匯集到了英國東印度公司最大的據點麻六甲，再從麻六甲出口到世界各國。

麻六甲距離新加坡車程僅需二小時。從新加坡出發，穿越連接馬來西亞的大橋，便可跨越國界。登上靠近海岸的山丘，便可望見無限延伸的麻六甲海峽，以及排列在海平線上，一艘又一艘的大型油輪和貨船。如此壯麗的景象，讓人深深感受到這就是世界貿易。

雖然陳淑珠祖先他們時代的商船，不是現在的柴油機輪船，而是多桅帆船，但他們一定也看見了同樣的景象。直到一八一九年，英國東印度公司將總部搬到新加坡之前，麻六甲就是亞洲貿易的樞紐。

英國東印度公司在這裡應該只有派駐數百名員工，想當然，只靠英國人的力量是不可能控制整個亞洲貿易的。

以複雜的路線連結陸地和海洋的運輸工作、使用多種語言進行商談、分配來自中國大陸的移工。承擔這些麻煩的工作，在暗中支撐殖民地統治的，就是那些已在當地扎根的峇峇娘惹。在東南亞的大多數峇峇娘惹的根源，都在麻六甲。也就是說，一切都是從這裡開始的。

時間隨著橡膠樹流逝

陳淑珠女士的高祖父並未將財產留給他的四個兒子。經過曾祖父一代，直到十九世紀末出生的祖父陳禎祿（Tan Cheng Lock）才開始投入橡膠事業。

「橡膠樹需要七年的時間才能收穫。而在這七年之間，世界的經濟形勢可能會產生變化，市場也隨之變化。如果不是有長期的願景，是無法經營大型農園的。」

出於遠見和耐心，陳家不會把賺來的錢全部拿回去投資，而是保留著現金以備不時之需。陳淑珠說，這些習慣已經是陳家代代相傳的經商心得了。

「這種心態，相較於一找到機會，便改變生意型態的典型華人商人的思維方式很不一樣。說不定，峇峇娘惹出於長遠眼光去看事情的時間感，可能就是和橡膠樹一起成長出來的。」

這也許就是在馬來這塊土地上扎根，透過與馬來人通婚來建立地緣和血緣關係的峇峇娘惹，所產生的特有傳統吧。

隨著汽車輪胎的材料最終被合成橡膠取代，農園種植的樹木也從橡膠樹，變成了棕櫚樹（Palm Tree）。從棕櫚樹果肉中採集到的棕櫚油，用途不僅包括汽車和火力發電用的生質柴油，還可製成食用油、人造奶油，以及麵包和烘焙糕點中會使用的起酥油，還有肥皂等等。

陳淑珠負責的聯合麻六甲公司，在廣闊的土地上從事一切有關生產棕櫚油的工作。一開始的規模是麻六甲周邊的一百八十六公頃，現在已經擴展到二萬四千公頃了。

該公司在婆羅洲的沙巴、馬來西亞半島東岸的檳城、西南部的森美蘭和半島南端的柔佛等地都擁有農園。據說他們正在計畫透過收購其他企業，將包括印尼各地在內的農場面積擴大到四萬九千公頃。這相當於一萬個東京巨蛋的面積。

貴族階層的證明

開創大型農園事業的祖父陳禎祿擁有兩個頭銜，一個是由馬來西亞國王授予的

「敦」（Tun），另一個則是由州的最高領導者蘇丹所賜予的「拿督」（Dato）。以歐洲來比喻的話，相當於伯爵或侯爵等貴族階層的證明。陳禎祿還被英國國王允許使用「爵士」稱號。他是一位馬來西亞代表性的峇峇，而在峇峇娘惹歷史上也是名留青史的大人物。

順帶一提，陳禎祿的孫女，即陳淑珠也擁有一個名為「拿汀．巴杜卡」（Datin Paduka）的女性榮譽頭銜。

我有一位熟識的朋友，是頗具影響力的新加坡人。我拜託這位朋友為我和陳淑珠女士牽線。在過程中，我和陳淑珠的祕書使用電子郵件交談。但信件中，我像平常寫商用信一樣，使用了「Ms. 陳淑珠」來稱呼陳淑珠女士，但是被那位朋友提醒，在馬來西亞社會如果不加上頭銜，也就是寫成「拿汀．巴杜卡．陳淑珠」的話，將會非常失禮。

確實，我收到了幾封祕書不同時間的來信，可以看到陳淑珠的名字都是寫成「拿汀．巴杜卡」，例如「拿汀．巴杜卡可以在某月某日見面」。在億萬富翁之街的陳家宅邸內，不論祕書或是管家，甚至來訪的老朋友，也都用這個頭銜稱呼她。

隨著與陳淑珠女士進行談話，我也自然而然地以頭銜稱呼她了。陳淑珠本人不僅像是一位親切的阿姨，而且總覺得她有一種，讓人想要對她表示尊敬的優雅可愛氣質，從而使得周遭的人，都會自然而然地覺得應該要保持端莊的舉止。我發覺，原來這就是貴族啊。深入了解峇峇娘惹的社會後，像這樣潛藏在東南亞歷史中的深層階級結構，便會浮現出來。

睽違六十一年的政黨輪替

陳淑珠女士的祖父陳禎祿，不單單是一位企業家，身為華人的他在伊斯蘭教國家馬來西亞的政治圈上也很活躍。

陳禎祿將整個馬來半島的華人組織起來，創立了「馬來西亞華人公會」（Malaysian Chinese Association，縮寫為MCA，簡稱「馬華公會」），並擔任首任會長。馬華公會並非只為當時屬於特權階級的峇峇娘惹人服務，他們還推動保障一般貧困華人人權的相關運動，進而呼籲解放英國殖民地統治，開展了政治活動。陳禎祿最後與馬來西亞首任首相東姑阿都拉曼一同完成了馬來亞聯邦從英國獨立的偉業。馬華公會現今依然存在，是一個加入執政黨聯盟的保守派政黨。

事實上，陳淑珠女士豪宅所在的「億萬富翁之街」，這條街的正式名稱是「Jalan Tun Tan Cheng Lock」（敦陳禎祿街）。「Jalan」即馬來文的「街道」之意。也就是說，陳淑珠女士祖父的名字，被用來命名這一條路了。

陳禎祿的長子，也就是陳淑珠女士的父親陳修信（Tan Siew Sin），後來繼任了馬華公會的主席，與其父同樣活躍於政治圈。陳修信曾入閣擔任工商部長，而後在一九六〇年代起，擔任財政部長長達十五年。

馬華公會作為現代的華人政黨，在二〇一八年五月舉行的馬來西亞國會下議院大選中，與時任首相納吉所率領的最大執政黨，也就是馬來民族統一機構（United Malays National Organisation，縮寫為UMNO，簡稱「巫統」）競選，但之後慘敗於前首相馬哈迪·穆罕默德率領的在野黨聯盟。這是自一九五七年馬來西亞獨立以來，睽違六十一年的首次的政權輪替。

依靠峇峇娘惹的領導力，將華人團結起來的馬華公會，自一九四九年成立以來，始終處於馬來西亞保守政治的漩渦之中。馬華公會與巫統保持著緊密連結，在執政黨國民聯盟（The National Alliance，縮寫為PN）裡一直維持著第二勢力的地位。然而，現代的馬來西亞華人國民，對風氣腐敗、利益取向的保守政府的不滿逐漸膨脹，馬華公會的影響力正急速下降著。

馬華公會最初的宗旨，是確立作為少數民族而遭受迫害的華人人權，並提高馬來西亞社會中華人的地位。然而，在六十年的歲月裡，這個理念似乎已經變得模模糊糊。不曉得陳淑珠女士的祖父陳禎祿在極樂淨土中，對於現代馬華公會的悽慘景象，以及馬來西亞政治的現狀，心中作何感受？

峇峇娘惹的時鐘是否會停止運轉？

陳家位於麻六甲億萬富翁之街的宅邸，很少會打開大門。第七代當家的陳淑珠女士，平常居住在首都吉隆坡，而負責清潔和保養的是宅邸的管理人。

這棟房子是所謂的「祖屋」（Rumah Abu），也峇峇娘惹供奉祖先牌位的場所。因此這裡保留了陳淑珠的父親和祖父輩們的記憶，是用來供奉那些跨越麻六甲海峽的陳家祖先魂魄的寧靜空間。

中庭的地面上鋪滿了美麗的瓷磚，其中有一棵高聳的大樹格外引人注目。那是祖父陳禎祿出生時，高祖父種下的海棠果樹（Crab Apple）。樹齡已經有一百三十四年了。受赤道的強烈陽光照射，可以清楚看到地上投射出清晰的枝葉影子。

一顆顆小小的果實，掉落在庭院中。掉到地上會發出小小的「咚」一聲。陳淑珠女說，當她每聽到這個聲音，都會覺得「峇峇娘惹的時鐘正轉動著」。

但是她覺得，每一年過去，果實落地聲的間隔，似乎越來越長了。刻下東南亞歷史的峇峇娘惹的時鐘，是不是也快要停止運轉了？

糖王與新加坡

李家的根源

「他的眼界很小，愚蠢到令人火大。我真的很討厭他，他妨礙了我們新加坡的產業發展，好幾次提出新加坡應該從馬來西亞聯邦獨立的主張。他就像馬來人派系中的極端份子，真的是個心地狹隘又惡劣的男人。」

上述這段話，來自新加坡首任總理李光耀在一九九八年出版的《李光耀回憶錄》。

他忍不住激動批評的對象，就是馬來西亞政治家陳修信，也就是帶領我們參觀麻六甲億萬富翁之街宅邸的陳淑珠女士的父親。從這段話可以得知，這兩位具有峇峇娘惹背景的政治家，在新加坡從馬來西亞獨立之前，曾經就馬來亞的未來展開激烈的爭論。

這一節就讓我們一起回頭看統治新加坡的李光耀及其家族的根源，這其中也有十九世紀的全球化和貿易貴族的故事。背景首先要回溯到兩代以前。

李光耀的祖父李雲龍（Lee Hoon Leong）是一位商人，他往來於荷蘭東印度群島（現在的印尼）之爪哇島上的大城市三寶瓏，以及位於西北方、隔著海洋的新加坡。李雲龍的工作，是負責整個東南亞地區所生產蔗糖的海運。他是具有中國廣東背景的客家人峇峇娘惹。客家人因為在中國境內不斷遷徙和定居，而被稱為「中國的猶太人」。

「我們的祖父李雲龍從未去過英國。但是，他在屬於英國殖民地的新加坡上，與宗主國英國進行商業交易的長期經驗中，學到了如何在殖民地生存的重要智慧。」

「這個智慧，就是要講英語、遵循英國式的生活習慣，才不會被英國人瞧不起。如果像東南亞其他的當地人一樣『chin-chai』，或是用當地的馬來語交談，就無法順利和英國人做生意了。」

李光耀最小的弟弟李祥耀（Lee Swan Yew）醫師是這樣回憶他們的祖父的（作者註：

Beingbaba, Marshall Cavendish Editions, 2015）。

這裡李醫師所說的「chin-chai」，意思是「都可以」或「大概就好」。這個詞彙來自新加坡式英語（Singlish），這種英語參雜了福建話和廣東話，現在新加坡人仍會在日常對話中使用。「chin-chai」以英語來說，大概是「easy-going」（隨意、溫和之意）的意思。

「規律」感是他們的原點

政治家李光耀傑出領導能力的祕密，就在於峇峇娘惹的獨特價值觀，將他與移居至東南亞從事勞動工作的華僑區隔開來。此外還有重視實務的教育、勤奮為宗旨的勞動觀、超越國家層面去看待全世界經濟的世界觀。

李光耀在演講以及媒體採訪上喜歡使用「Survival」（生存）這個字。他是徹底的現實主義者，為了生存，他可以不擇手段。

小小的都市國家新加坡，是如何在二十一世紀的全球化洪流中生存下來的？我想在李光耀九十一年的人生中，一定是不斷自問自答這個問題。而那個提醒他回首的原點，或許就是與許多峇峇娘惹及華僑的「chin-chai」有所不同的「規律」感吧。

少年時代的李光耀，曾在祖父李雲龍的家中居住，一起生活過一段時間。可以想像，他在日常生活中深刻體會到了祖父嚴格的價值觀。從李光耀的背景來看，政治家李光耀那深具個人特色的言行從何而來，也就很容易理解了。

嚴以律己，嚴以待人。李光耀同時是個會無情打擊政敵的獨裁者，這點也不可忽視。

在毒梟身邊工作的祖父

李氏家族實際上的開宗鼻祖，一般認為是客家人的祖父李雲龍。雖然最早是曾祖父李沐文（Lee Bok Boon）乘坐戎克船從廣東來到新加坡，但在結婚生子後，李沐文獨自一人返回中國大陸，留下了妻小。

據說李沐文回到故鄉後，又與另一名女子結婚。祖父李雲龍於一八七一年出生，後來成為了當地一家航運公司的經理。

這間航運公司叫做「協榮茂輪船公司」（Heap Eng Moh Steamship Company Ltd.），老闆黃仲涵（Oei Tiong Ham）是一位有錢的峇峇娘惹商人。黃仲涵生於一八六六年，比李光耀的祖父李雲龍還大上五歲，算是同輩。

黃仲涵曾負責二十世紀初，荷蘭東印度（今印尼）爪哇島上的甘蔗生產事業，因此被麻六甲海峽一帶稱為「糖王」。從舊照片看來，他的容貌與日本前首相田中角榮有些神似，很是威風。據說他是擁有八位妻子和二十六位婚生子女的猛士。

雖然黃仲涵被稱為「糖王」，但他其實除了甘蔗生意以外，還有另一個身分，也就是鴉片商人。從二十世紀初開始，一直到荷蘭殖民地政府進行查封之前，他壟斷了爪哇島各地的鴉片交易，包括三寶瓏、梭羅、日惹、泗水等地，因此累積了巨大的財富。也就是說，黃仲涵在成為「糖王」之前，曾是一名「毒梟」。

黃仲涵的公司接二連三收購其他的糖廠和甘蔗農場，最終成為了亞洲最大的華人企業。據說他還持有爪哇島上的多家報社，不僅掌握了貿易，也掌握資訊傳播。

印尼脫離荷蘭統治獨立之後，黃仲涵的公司被推行同化政策的蘇卡諾總統盯上。

李光耀的祖父李雲龍

一九六一年，他的公司被印尼政府接管而成為國有企業，不過這是在黃仲涵去世三十七年後的事情了。

李光耀的祖父李雲龍，在黃仲涵手下負責的是海運，因此據說他頻繁往來爪哇島上的三寶瓏和新加坡兩地，並在兩地都有生活圈。李雲龍和黃仲涵年齡相仿，可以想像兩人之間的信任關係深厚，可能是稱得上親朋好友的關係。也因此可以推測，李雲龍運送的不只有砂糖。

李雲龍在糖王身邊一起學到了很多東西，例如他的英語非常流利，可以相信他絕對是一位認真工作的實務家。據說李雲龍在工作時，都會穿著三件式西裝，也就是說他的日常生活也徹底西化了。有一張李雲龍的黑白照片，可以看到他右手插在褲子口袋裡、以自信滿滿姿勢站立的魁梧身影。

一九二三年，李雲龍為在新加坡出生的孫子李光耀取名為「Harry」。李光耀從小就聰明伶俐，祖父對他可說是格外疼愛。雖是華人卻有英文名，這也是峇峇娘惹家庭的一個特色。建立新加坡的傑出政治家，在小時候其實不叫做「李光耀」，而是「Harry Lee」，就像是另一個完全不同的人。

李家穩定的經濟狀況，在一九二九年十月二十四日，從紐約股市大崩盤引發的經濟大蕭條中受到了重創。以貿易為基礎的新加坡經濟急速下滑，但李光耀的父親李進坤（Lee Chin Koon）很幸運，因為他獲得了殼牌石油公司（Shell plc）的地方銷售員一職，因此得以繼續工作。

李進坤也不是那種「隨便」的人，正因如此，他才能夠從最糟糕的低谷中爬上來。他工作勤奮的態度得到了肯定，之後被任命為石油業龍頭荷蘭皇家殼牌公司在新加坡的油庫負責人。據說他擁有公司安排的司機及汽車，以及周末用的別墅。以殼牌公司的地區員工來說，可說是享有特殊的待遇。

籠罩在迷霧下的「砂糖資金」去向

李光耀的父親李進坤並非出生於新加坡，而是印尼爪哇島中部的城市三寶瓏。正如前述，這是因為祖父李雲龍在新加坡和三寶瓏過著雙重生活。

父親李進坤在五歲時，被祖父李雲龍帶到新加坡。母親，也就是李光耀的祖母則是三寶瓏的中產階級家庭出身。

在當時新加坡的宗主國荷蘭，至今仍保存有李光耀祖父母的結婚證明書，不過從姓名上無法明確判斷李光耀的祖母是否是純正的華人，還是具有爪哇當地的血統。也有一些歷史學家指出，她可能是所謂的「當地妻子」。因為馬來、爪哇、蘇門答臘的女性與華人結婚時，她們通常會改成中國式的名字。

十九世紀末的峇峇娘惹家庭，一般是透過雙方家長討論後，進而安排孩子們的婚姻。或許，李光耀的祖母也是來自爪哇島的峇峇娘惹家族，之後嫁到李家的。這樣想可能比較自然。在日本，世族通常都會有家譜，可以追溯好幾代的祖先。從這樣的角度來看，有點難以想像李家的家系，竟然連短短三代前的關係都是一團謎。

總之，只要哪裡有商機和道路，無論是英國統治的新加坡，還是荷蘭統治的印尼，峇峇娘惹人都會無視國界，翻身越過海洋，在亞洲各地穿梭，這就是他們的「生存之道」。並且在移動的同時，透過地緣和血緣，建立人際關係和信用，李家也不例外。

與李雲龍建立了緊密關係的糖王黃仲涵，不知為何，在一九二四年去世的四年前，從荷蘭殖民的爪哇島，搬到了英國殖民的新加坡。有傳聞說，這是為了不讓荷蘭的稅務機關查到他的巨額財產，不知道這些祕密的財產究竟是否被黃家後代繼承了？

無論如何，這些靠著砂糖和鴉片所累積的財富，就這樣消失在歷史的黑暗中。有歷史學家推測，李光耀的祖父李雲龍在黃仲涵死後還活了十八年，李雲龍可能涉及到管理這些留下來的「砂糖資本」的管理。黃家和李家關係緊密，又同是峇峇娘惹社會的一份子，也因此一直有傳言，這些財富後來成為了新加坡國父李光耀的政治獻金。

言歸正傳，還是回到李光耀父親李進坤的時代吧。

李進坤夫婦在一九四五年，也就是第二次世界大戰後，在新加坡市中心的歐思禮路（Oxley Road）蓋了一棟寬敞的獨棟建築。這棟房子就是後來李光耀的家。無論是擔任總理站在政治最前線的時期，還是退出政治舞台之後，他都一直住在這棟房子裡。相信這棟房子對他深具意義。

而到了二〇一八年，李家上演了一場圍繞這棟房子的家醜風波。李光耀的長子李顯龍總理與妹妹李瑋玲、弟弟李顯揚三人，因為這棟位在歐思禮路的房子的繼承權而互相對立。這起事件甚至還牽扯到了新加坡國會，演變成激烈的法律論戰。

或許李光耀從未想過，在他去世後，他所珍愛的房子會變成他孩子之間的紛爭開端吧。李光耀曾在我的採訪中誇耀說，他能看透未來三十年的世界。但他應該沒有預測到，自己的至親之間的親情關係吧。

「我們兄弟姊妹從小就是以峇峇娘惹的方式被教育長大的。在農曆新年時，我們會以峇峇娘惹式的『soja』禮儀跪在地上向父母請安，然後父母會給我們紅色袋子的紅包（angpow）。」

「父親身上穿的是絲質的長衫（baju），一種馬來人的民族服飾，腳上穿的是中國式的鞋子。不過隨著我們長大，父親不再要求我們跪安，而是站著和我們握手。直到日軍佔領新加坡的那一年，父親一直都遵循著祭拜神桌上祖先牌位的峇峇娘惹習俗。」

李光耀的弟弟李祥耀醫師如此描述了他的童年回憶（同前註，*Being Baba*）。

華語是外語

不曉得是父親還是祖父的意思，總之李光耀的四個兄弟姊妹都接受了英語教育，而非華語教育。

「普通話（中國的官方語言）對我來說完全是外語，我在生活上完全用不到。」李光耀曾經這麼說過。思考時使用的語言如果不同，自然地，思考的方式也會有所不同。因此不能只因為是華人，就將他們一概視為「中國人」。

李光耀一直到成為政治家之後的三十二歲時，才開始學習華語。因為他預期中國將成為大國，而學習華語是為了外交和商業上的需求，在此之前，他完全不會說華語。

曾長期擔任李光耀祕書的王瑞杰分享了一個故事。李光耀為了學習華語，直到晚年都會使用錄音帶和錄音筆，在深夜中反覆練習。直到二〇一五年，他在新加坡中央醫院的病房去世前（享年九十一歲），都一直持續練習華語。

整整六十年，李光耀一直將華語視為外語並加以學習，這種堅持和毅力是常人難以相比的。他對時間的感覺遠比一般人要來得長。這與一般華僑那種享受當下的「隨意」個性截然不同，他對生活的態度非常嚴謹。

「不可知論」的宗教立場

新加坡同時也是個多元族群、多元宗教國家。族群主要由華人、馬來人和印度人等三個族群組成，宗教則包括了佛教、道教、伊斯蘭教、印度教和基督教。在這種複雜的文化環境下，李光耀接受英語教育，但是又被教育為一位峇峇娘惹人，他雖然拒絕被稱呼為峇峇娘惹人，但他自己的身分認同究竟是如何呢？

關於認同，除了母語外，宗教也很重要。李光耀曾表示自己的宗教立場是「不可知論」（agnosticism）。這種觀點認為，人類無法知道超出自己感官經驗以外的事物，例如神的存在，或是宇宙的終極真理等等。

換句話說，他只相信自己親眼所見，或是親手碰觸到的事物。換句話說，這是一種徹底的現實主義。然而，李光耀同時也表示：「我不是無神論者。我既不否定也不肯定神的存在。」這段話暗示了，他並非完全捨棄崇拜祖先的峇峇娘惹傳統宗教觀念。

在峇峇娘惹的家庭中，至今仍保留著混合佛教和道教等中國傳統宗教的祭拜傳統。他們會在家中的門廳等處，擺放類似日本佛壇的大神桌，用來祭拜一代代的親人，包括遙遠的祖先們。

他們會在每天早上和晚上拜拜，並在每月的一日到十五日供奉橘子、甘蔗，或是峇峇娘惹特有的點心。祖先的忌日或生日時，則會準備豪華的供品，如烤豬肉或是烤鴨。至於李光耀在私下是否遵循著這些習俗，就不得而知了。

他的親弟弟李祥耀醫師本人的談話可能是一個線索。李祥耀本身是一位基督徒。每當家人聊天時提到宗教，李光耀都會露出諷刺的微笑，說：

「不要想試著讓我信教。」

雖然他從未公開表達，但他的內心深處，或許還保留著對峇峇娘惹宗教觀的尊重，也就是慎終追遠，遙想悠久的時光流逝。

李光耀不說明自己的宗教觀，也不公開承認他的峇峇娘惹身分，這是他為了建立新國家，因此保持種族、文化和宗教的中立性。

普吉島上的錫礦山

不為人知的峇峇娘惹歷史景點

如果詢問東南亞有哪些地方是峇峇娘惹的城鎮，一定會有人說新加坡、麻六甲和檳城。這三個都市過去稱為「海峽殖民地」（Straits Settlements），是英國東印度公司作為貿易據點的直轄地。街道上至今仍保留著歐式和中國式的獨特風格，讓人感受到十九世紀末的峇峇娘惹風情。

其實在泰國普吉島上，也有個相對不太有名的峇峇娘惹歷史景點。別忘了，馬來半島的北部是連到泰國的。因此，峇峇娘惹人活躍的商業舞臺，自然也延伸到了泰國。

致力於傳承傳統文化的「峇峇娘惹協會」，我聽說不只在新加坡和馬來西亞，在泰國也有，因此我調查了協會的據點，發現他們的總部設置在普吉島。

於是我透過了一些人脈介紹，前往普吉島拜訪泰國峇峇娘惹協會的幹部。這裡有世界知名的美麗海灘，是旅遊度假勝地。然而，普吉島其實擁有規模比麻六甲和檳城更大的隱密峇峇娘惹風景。

普吉島人口的百分之七十竟是峇峇娘惹人

「我們協會的註冊會員大約有二百人。其中約有一百人左右是熱心參與活動的。不過其實普吉島有百分之七十的人口是峇峇娘惹人。」

會長柯索．田谷泰（Ksol Taengutai）先生在開始解說時，舉出了一個驚人的數字。普吉島的人口約有四十萬人，那麼七成的人口就是大約二十八萬人了。即使是自認為是現代峇峇娘惹文化根據地的新加坡，那裡的峇峇娘惹人口數也頂多是幾萬人。新加坡政府以峇峇娘惹是少數族群這點，打出「稀有度」以提高品牌價值。然而在普吉島上，峇峇娘惹人並不稀有，反而是壓倒性的多數派。

為什麼普吉島的峇峇娘惹人這麼多？其實是因為錫礦山。普吉島曾是東南亞重要的錫礦產地之一。在一九八〇年代，這裡還不是世界知名的度假勝地之前，曾經是「錫之島」。

十九世紀時，錫是稀有金屬。英國曾是世界上重要的錫產地，但由於工業革命，英國的礦山被挖光了。這是因為用來保存食物的罐頭被發明了，而馬口鐵的原料，也就是錫的需求快速上升。英國人將目光轉向他們統治的馬來半島，競相投資殖民地的礦山開發，而普吉島就是其中之一。

從十九世紀末到二十世紀初，大量的華人湧入普吉島，有些人擔任了礦山公司的經理或技術人員，有些是所謂的苦力勞工，據說他們大部分來自福建省。

大部分的礦工很可能是經過檳城島被運到普吉島的。檳城島屬於馬來西亞，而普吉島屬於泰國，但從地圖上來看，兩地皆位於麻六甲海峽通往印度洋的出口附近。與通往中國或歐洲的遠洋航線相比，可說是咫尺之遙。

由此推測，普吉島的峇峇娘惹人是從英國的海峽殖民地，同時也是東印度公司貿易據點的檳城島的華人群體衍生而來的。

與守護傳統的同伴共度的時光

「我是第四代峇峇娘惹人。我的曾祖父是從福建來到普吉島的。祖父娶了一位泰國南部人的女性，是一位成功的貿易商，賺了不少錢。我的父親曾在一家礦山公司擔任會計師。」

五十多歲的柯索是一位在普吉國際醫院工作的醫師，他從曼谷的國立醫學大學畢業後，成為了一名婦產科醫師。訪問這天由於他有緊急手術，比預定時間晚到，因而匆忙地趕過來。

「由於母親的身體嬌小，我有點擔心，但順利誕下了一個健康的男孩。抱歉讓您久等了。」

他看起來一點也不疲倦，聲音平穩，開始講述泰國峇峇娘惹協會的運作。我們借用了柯索工作的醫院的大會議室，而就在我們旁邊，剛好正在舉行協會的聚會。

可以看見其中有女性身穿民族服裝可巴雅紗籠裙、搭配搶眼珠繡涼鞋，也有男性穿著做工精緻的巴迪衫。氣氛明亮愉快，不像在醫院。桌上擺滿了峇峇娘惹糕點，大

柯索．田谷泰醫師，作者攝

約有二十位男性及女性，用泰語熱烈地交談著。

他們才剛結束討論，是關於從普吉島出發到檳城島的團體旅行的最後行程。這是因為剛好有一場東南亞各地的峇峇娘惹人齊聚一堂的活動，即將在檳城舉行，那就是「峇峇娘惹大會」。

「明天我還有一場腫瘤切除手術。婦產科醫師的工作會一直有緊急事件發生，但我很珍惜和守護峇峇娘惹傳統的同伴一起相聚的時光。」

柯索特別期待這場峇峇娘惹大會。這是每年秋天，輪流在東南亞境內的城市舉辦的活動，會有來自新加坡、馬來西亞、印尼、緬甸和澳洲等地的外國峇峇娘惹一同齊聚三天，互相認識。聽說最後一天的派對特別熱鬧。這大概就像是大人們的遠足吧。

我詢問在場的人，這場活動中大家會討論什麼樣的話題。他們提到了料理、服飾、工藝品、建築、教育、語言、宗教、歷史等等。這些正好是像我這樣的外國人對峇峇娘惹文化感興趣的部分。

例如娘惹菜，即使名稱一樣，不同地區的調味也略有差異。女性穿著的可巴雅紗籠裙，在設計上也有細微的不同。聽說當他們在討論這些差異，以及介紹自己的家族根源時，就會出現共同認識的人名。

我對於橫跨國界的人際網路擴展相當感興趣。其實本書中出現的人物，他們雖然居住的國家和語言都不同，但很多人是互相認識的，也有人會和柯索醫師在平時交換資訊。當我提到先前遇到的其他國家的企業家或藝術家的名字時，柯索說：「啊，上個月我也見到了某人，聽說他新開了一家店。」原來東南亞的峇峇娘惹社群意外地小。

令人大開眼界的經驗

普吉島上百分之七十的人口是峇峇娘惹，這個比例似乎有點高？是不是只要是出身在華僑家庭，都能自稱是峇峇娘惹來參加國際活動呢？我很直接地如此詢問了柯索。

「其實，我們普吉島居民是在二〇〇四年才開始意識到自己是峇峇娘惹。在那之前，雖然會稱男性為峇峇，但不會用峇峇娘惹這個說法……」

柯索所說的峇峇娘惹，似乎是指所有在普吉島上扎根，與泰國女性成家的華僑子孫。這個定義和新加坡或馬來西亞的所謂與英國東印度公司合作的上流階級峇峇娘惹相比，還要寬廣許多。

柯索說，某次他與泰國的歷史學者幾個人一起去檳城島旅遊觀光，剛好改變了他。在檳城的老城區喬治市，他們遇到了穿著相同服裝、吃著相同食物、使用相似語言的人。他們驚訝地心想：「原來這裡也有和我們一樣的人！」

其實兩個島在第二次世界大戰之前關係很深厚，但戰後人們的來往就變得淡薄了，也因此，兩邊的峇峇娘惹走上了不同的道路。

泰國也是一個族群多元的移民國家，而且相較於新加坡及馬來西亞，泰國的族群融合層次更深。由於每個人本來都是「外國人」，因此少有個人強烈主張自己的族群認同。再者，透過泰國王室與泰國佛教強大的凝聚力，也確立了泰國的國家歸屬感及泰國人的認同。

「泰國」這個大容器非常寬容，讓無數民族就像一碗湯一樣彼此融合。泰國與東南亞其他國家很不一樣，不太會發生像是華人和馬來人、印尼人等族群對立的問題。

正因如此，對於柯索來說，遇見了檳城島的峇峇娘惹社群，是一次大開眼界的體驗。因為在那之前，他只認為自己是泰國人。

在泰國，人們不是用姓氏，而是用名字來稱呼對方。柯索的姓氏是「Taengutai」。後半部分的「gutai」在泰語中意思近於「兒子」。因此，這意味著他是「Taen」的兒子。

因此從柯索的姓名就能看出他祖先是華人，並且後來變成泰國人的這段歷史。柯索的膚色較深，長相也不太像中國人，比較接近我們印象中的泰國人長相。

柯索在家裡講的是泰語，但這種普吉島特有的泰語，是將福建話和泰語混合後，又加入了英式英語單詞的語言。

例如在泰語中，汽車引擎叫「Kheruxngynt」，但在普吉島上是直接使用英語單字「Engine」。卡車在泰語中叫「Rth brrthuk」，但普吉島使用英式的「Lorry」。動詞「Try」意思是「去某個地方稍作休息」，這個詞可能起源於在英國人管理下的工人，想要偷懶時使用的。

峇峇娘惹改變了普吉島的經濟

二〇〇六年，泰國峇峇娘惹協會成立。以柯索醫師為首的十五人開始挖掘並記錄他們的傳統文化。在過程中，一位具有峇峇娘惹認同、具地方勢力的縣長支持了協會的活動，使協會活動進一步擴大。二〇〇九年，普吉島成為了峇峇娘惹大會的主辦城市，吸引了來自各國大約五百名的訪客。幸運的是這幾位峇峇娘惹人都是富裕階級，對於以觀光業為主的普吉島來說是一筆意外之財。

「自那次的成功後，我們一直在想，是不是可以將峇峇娘惹作為觀光的關鍵字，來振興普吉島經濟呢？」

除了沙灘之外，普吉島還有哪些新的觀光資源呢？找遍整座島後，他們發現有一座二〇〇八年蓋好的「普吉礦業博物館」，就位在曾經有錫礦的地區上。半個世紀以前，這個地方曾經透過露天開採，挖了一個大坑並採掘到巨額的錫礦，著實是一個隱藏的觀光景點。

這棟博物館是一棟殖民地風格的豪華二層樓建築，裡面擺滿了等身大小的人像和精緻的模型。原本是希望遊客能夠來這裡參觀，並了解礦山的歷史，但由於距離度假村和市區較遠，前來的遊客非常少。

當我想要買門票時，我看到櫃檯有三位正在喝茶聊天的工作人員，露出了很驚訝的表情。顯然遊客真的很少。

博物館裡重現開採現場的立體透視模型，以及全新的展示物都很壯觀。但是一些應該屬於史料的照片和文件卻沒有經過整理，只是隨意擺放著。可以想像，他們可能只是從普吉島的各個地方收集了一些舊東西，然後暫放在這裡。

裡面有等身大的人像，重現了華人勞工在礦場裡披頭散髮的努力工作，或是在鴉片窟裡睡懶覺的景象。說實話，看起來滿詭異的。不太建議膽小的人獨自前往這裡。儘管這裡的確介紹了值得一看的峇峇娘惹生活與文化，但實在很難成為吸引人的觀光景點。

度假勝地的特色香料

泰國峇峇娘惹協會會長柯索醫師，現在很關注舊城區的一個角落。這個地區擁有比檳城舊城區的喬治市規模更大的峇峇娘惹風格老舊店屋建築。這些是「中葡建築」風格的建築，融合了比英國更早來到此地的葡萄牙和中國兩者的風格。

雖然現在看起來有點髒且破損，但如果好好改建和修復，可以變身成很有普吉島風情的酒店和咖啡館。現在也陸續出現了一些打出「峇峇娘惹」招牌的紀念品商店。

普吉島在一九八〇年代率先開發成為海灘度假勝地，但當時那些現代化的飯店及觀光設施，現在已經明顯老舊。也有一些聲音表示，整座島太習慣外國觀光客，因而

普吉島的舊城區，作者攝

導致服務品質下降。如今東南亞各地都有度假勝地互相競爭，例如大受歡迎的印尼峇里島、馬來西亞的蘭卡威及亞庇等地。峇峇娘惹協會的幹部，對於普吉島作為觀光地不再具有以往的競爭力這點，也很是擔心。

「要讓普吉島能夠在競爭中生存下來，需要的是一道香料，也就是作為度假勝地的特色。直到最近我們才明白，這道香料就是峇峇娘惹的傳統文化。」

柯索雖然是一名醫師，但他正考慮自己開一間餐廳。他計劃在私人診所的角落設置一個咖啡廳，並先提供自己製作的峇峇娘惹甜點。他希望這裡以後可以變成一間娘惹菜的餐廳。他的夢想是早上當醫師，下午當廚師。

為了實現這個夢想，他現在正在和八十多歲的母親學習「祕方」。這是一種普吉島特有的烹飪法，會用很多的椰子，並加入泰國南部多層次的辣味。在峇峇娘惹家庭，食譜多是代代口耳相傳，所以如果下一代不學習，這些食譜便會永遠失傳。

我問柯索醫師，他現在的身分認同是什麼，他給出了這樣的回答：

「我不是華人，我是泰國人，但我也是峇峇娘惹人。」

他露出了一個曖昧的微笑，泰國也是微笑之國。

萊佛士與偉大的慈善家

華人甲必丹

我為了研究峇峇娘惹的歷史，請教了一些世族的後裔和歷史研究者。有一號人物經常被提到，他是「偉大的慈善家」。那就是在十九世紀中葉的馬來半島上，經營蔬菜水果及家禽等生意的陳篤生（Tan Tock Sen）。

陳篤生用他在農產品和房地產交易賺到的錢，為窮人蓋了一間醫院，也就是一八四四年設立的「陳篤生醫院」。這間醫院現今仍位於離新加坡市中心稍遠的高級住宅區諾維娜（Novena）。

陳篤生醫院是一間擁有八千名以上醫療工作人員的大型綜合醫院，每天會治療五百名左右的急診患者，在醫療水準很高的新加坡當中，這是頗受人民信賴的醫院之一。也因為醫院的聲名遠播，住在新加坡的人都知道「陳篤生」這個名字。曾是農園經營者的陳篤生，還曾擔任過一項公職，叫做「華人甲必丹」（Capitan China），這是殖民地政府任命當地華人社群領導者的職位。

華人甲必丹的人選，必須有財力和政治手腕，而且須具備人望和領導能力。前面提到的糖王黃仲涵，他在晚年從爪哇島移居至新加坡後，也成為了新加坡的華人甲必丹。這是峇峇娘惹社會裡的大人物才能登上的位置。

除了新加坡以外，麻六甲、檳城、吉隆坡以及現在的印尼，也就是荷蘭統治的東印度地區的雅加達（舊稱巴達維亞）、萬隆、棉蘭、泗水等等聚集了很多華人的城市，也各自設有華人甲必丹。這是一個巧妙的殖民地管理方式。也就是說，英國和荷蘭的殖民地政府間接利用了這些具影響力的峇峇娘惹的領導力，以便透過人數不多的軍隊和官僚，來統治人數多的其他民族。

如果我們追溯各地曾擔任華人甲必丹的地方仕紳家系，就會發現這些交織在東南亞歷史中的峇峇娘惹之間的關聯。

設置了醫院的慈善家陳篤生也在這些華人甲必丹當中。我訪問過的許多峇峇娘惹，都提到「那個陳篤生……」，以及醫院的話題。也就是對於生活在新加坡和麻六甲的峇峇娘惹人來說，他的成就已經是常識了。究竟陳篤生是位什麼樣的人物呢？

其實陳篤生並非被正式任命，而只是「代理」，但他實質上依然是擔任華人甲必丹這個工作的人，必定很受到英國的重視。我自然而然地好奇，他的子孫現在在做些什麼呢？

根據文獻記載，陳篤生出生於一七九八年的麻六甲，父親是福建移民，母親是峇峇娘惹。儘管他來自麻六甲的峇峇娘惹家庭，但與先前在本書登場的企業家陳淑珠女士，或是峇峇娘惹古蹟博物館的曾亨利先生不同，陳篤生的祖先並非是居住在麻六甲「億萬富翁之街」那樣的富裕階級。相反地，他似乎出自一個不起眼的中產階級家庭。

有一座一八四五年的石碑，上面用中文寫著陳篤生捐款建設醫院的理由。這段話淺顯易懂，反映出他高尚的品格。

「人本就應互助、共生。住在同一個村子、喝同一口井水的人，心情都是一樣的。當有人生病時，幫忙照顧是理所當然的。我多年的願望（也就是這種心情），至今未能實現……」

新加坡的誕生

對於陳家來說，一八一九年是個轉折點。當時，英國東印度公司將據點從麻六甲轉移到新加坡。那時候的新加坡僅有少數馬來漁民居住，幾乎是一片荒島。當時柔佛王國所擁有並統治的「Singapura」之地，現在已成為馬來西亞最南端的一個州。

這個是一個面積僅相當於東京二十三區的小島。發現這個被柔佛王國忽視的島嶼，而且意識到其地理重要性的，是英國東印度公司的員工湯瑪士・萊佛士。他利用柔佛王國王位繼承而引發的內亂，獲得在這個島上建立商館的許可。一八一九年二月六日，他將此地的名稱改為英式的「Singapore」。

這位英國人萊佛士很有遠見。儘管他只是被派駐到海外分公司的員工，但他似乎並未取得英國總部的指示，而是自行推進了在新加坡建立據點的計畫。

他運用各種手段，巧妙地操縱柔佛王國國王一家，經過頑強的談判和討價還價後，他與國王達成協議，而且在五年後，成功獲得了正式的土地所有權。此後，他就像暴衝的火車一樣，迅速將新加坡建設為都市，以作為自由貿易港。也讓新加坡成為貿易樞紐，迅速崛起。

在此之前，英國已經統治了檳城島及麻六甲。一八二六年，新加坡連同這兩個城市一起被併入英國的海峽殖民地，並於一八三二年，被訂定為統治整個海峽殖民地的首都。

這一切都起始於充滿挑戰精神的英國人萊佛士的決定。正因他的靈機一動，使亞洲和歐洲之間的東西方貿易中心，從檳城島和麻六甲變成了新加坡。這是一個與現代新加坡的繁榮息息相關的歷史重要分歧點。

跟隨萊佛士移居新加坡

據說，當時有不少峇峇娘惹家族跟隨著萊佛士，從麻六甲移居至新加坡。

後來成為新加坡歷史上的「偉人」的陳篤生一家，也是其中一員。據史料記載，他們是在一八一九年移居的。這正是萊佛士在新加坡設立東印度公司商館的那一年。當時陳篤生二十一歲。

雖然新加坡是個天然良港，但要踏上一片被茂密叢林覆蓋的荒地，還是需要很大的勇氣。陳篤生的家庭在麻六甲峇峇娘惹社群裡屬於中產階層。如果他們在麻六甲已經賺到了很多錢的話，也許就不會選擇離開了，那麼新加坡的「偉人」或許也就不會誕生了。

陳篤生所留下的石碑，上面的文章後續如下：

「南國新加坡濕氣瀰漫，人們經常感染癩病（現在稱作漢生病〔Hansen's Disease〕）和皮膚病。因此，生活混亂，也沒有衣服和食物拯救人們免於飢餓和寒冷，甚至沒有可以遮蔽風雨的房子或小屋。看到人們身處在這樣的環境，讓我感到非常心痛。」

陳篤生是受英國殖民地政府命令而跟隨萊佛士，還是出於自己的意願選擇來到新天地？但從石碑上的文字可以得知，隨著東印度公司搬遷總部而來開拓的人們生活有多麼艱苦。

英國政府當時正在募集開設醫院的資金，陳篤生立刻就捐贈了大筆的金錢。對新加坡人來說，他們記得的陳篤生是一位慷慨的慈善家，而非擁有很多財產的企業家。

「你想見見陳篤生的後代嗎？」

我的一位居住在新加坡的峇峇娘惹朋友這樣問我。我二話不說回答「當然想」。

但是，對方指定見面的地點卻不是新加坡，而是曼谷。究竟為何新加坡峇峇娘惹偉人的後代，會身在泰國呢？

影響東南亞的泰國外交官

連接泰國皇室和新加坡的人物

「在十九世紀下半葉，泰國仍被稱為暹羅王國時，有一段時期，泰國和新加坡之間的關係突然變得很緊密。這是因為有一個人擔任了連接泰國皇室和新加坡之間的橋梁，那就是我的曾祖父。」

提拉烏・科曼（Thiravudh Khoman）先生在他位於曼谷的住家，向我講述了這個家族不為人之的歷史。他是一位六十多歲的泰國華人。以前是工程師，已經退休幾年了。他是一位看起來話不多，但很友善的紳士。

「我其實很少向別人談起自己家族的過去。」

看著他有點害羞地微笑，我可以感覺得他對家族的驕傲。

提拉烏的妹妹塔維達・比雅耶達優希（Thavida Bijayendrayodhin），以及他的妻子希利拉克沙那・科曼（Sirilaksana Khoman）也加入了我們的對話，他們三個人一起回憶家族的歷史。

塔維達是一位資深的教育家，她曾擔任曼谷市內的名校ＲＩＳ（Ruamrudee International School）的校長。希利拉克沙那則是一名知名的經濟學家，曾擔任泰國國立法政大學的經濟學系主任。看來科曼一家在泰國應屬於上流階級。

我造訪了位於曼谷的科曼家。這裡與其說是住宅，更像是一座公園。他們家位在商業區的一角，佔地卻十分遼闊，四周環繞著高大的混凝土圍牆。旁邊是車輛和摩托車不停穿梭的大馬路。由於位在高樓大廈之間，提拉烏家的這塊地，像是突然凹陷下去的一塊角落。對於外面的行人來說，應該很難想像這道圍牆裡面有住人吧。

我站在攝影機前，看著一扇巨大的鐵門慢慢打開。這塊土地上有四棟建築物，每棟建築物的間隔，都可以再蓋一棟公寓大廈了。走進後，可以看見精心維護的草坪和花圃，不斷延伸地出去。

我看見許多工作人員在宅邸內四處工作，可能是園丁或保安吧。我跟著人來到了位於較深處，一棟看起來歷史最悠久的建築，他們說現在這裡沒有人住。但即使沒有人住在這裡，這棟房子裡仍有一位專屬的女傭。

房子裡的每個角落都打掃得一塵不染，每個高貴的家具都擦得發亮，還擺放著鮮花。往二樓的樓梯搭配著實木扶手，上面有精美的雕刻圖案。有一面牆掛滿了家族成員的照片以及巨大的肖像畫，還有不知從何處飄來的薰香味。而且，這棟神祕的房子還有一股無法言喻的沉重氣氛。

名人長子的雙重身分

「我聽說您對峇峇娘惹慈善家陳篤生很感興趣。陳篤生有三個兒子。長子陳金鐘（Tan Kim Ching）繼承了其父的事業，拓展了農園和貿易生意。這位陳金鐘就是我母親那邊的曾祖父。在泰國拉瑪四世及拉瑪五世的時代，他推動了泰國的貿易網路。」

但是，為什麼新加坡聞人的長子會定居在泰國呢？

「陳金鐘過著往來新加坡和泰國之間的雙重生活，因為拉瑪四世授予了他泰文名

陳金鐘

字和土地。」

原來陳金鐘有著兩個不同的身分。一個是協助泰國皇室的經濟和外交顧問，另一個是在英國統治的新加坡擴展業務的峇峇娘惹貿易商人。

泰國國王賜予陳金鐘的泰文名字是「Phraya Anukun Siamkit」。「Phraya」表示地位。這是僅次於只有少數幾人的最高位「Chao Phraya」的地位。名字中間的「Anukun」意為「幫助」。「Siam」是泰國，「Kit」是商業的意思。

也就是說這個名字的意思是「在商業上幫助泰國的人」。也就是說，陳金鐘雖是外國人，但就如同這個名字所描述的，他對泰國王室有貢獻，贏得泰國國王的信任，並受到了特殊的厚待。

Phraya Anukun Siamkit，也就是陳金鐘，曾連續為兩代泰國王室效力，分別是力求改革推動近代化的拉瑪四世（蒙固），以及進一步加速改革，實現解放奴隸的拉瑪五世（朱拉隆功）的兩個時代。

現今的泰國最高學府「朱拉隆功大學」的名字，就是以備受國民敬愛的明君拉瑪五世的幼名而命名的。如果曾因工作或旅遊去過泰國的話，應該會聽過朱拉隆功大學。

十九世紀中葉，是歐洲列強正將殖民主義擴展到整個東南亞的時代。當時的緬甸和馬來西亞已經被英國統治，越南則被法國佔領，因此國王們認為暹羅王國被侵略只是時間早晚的問題。明智的國王正確地把握了世界形勢，迫切尋找在列強之間保持獨立的生存之道。他們需要的是整個世界的資訊。

《國王與我》的背後

「拉瑪四世著手暹羅（泰國的前身）的開國及近代化。為了讓拉瑪五世（朱拉隆功王）學習各國事務，他找了一位英語家庭教師。於是，一位王室御用的峇峇娘惹貿易商，向拉瑪四世推薦了一位名叫安娜的女性。那就是我的曾祖父介紹的。」

這位英語教師安娜．李奧諾文斯（Anna Leonowens）的故事，應該很多人聽說過。她正是一九五六年的電影《國王與我》（*The King and I*）的女主角原型。該片由黛博拉．寇兒（Deborah Jane Kerr）和尤．伯連納（Yul Brynner）主演。李奧諾文斯留下的著作，後來改編成二十世紀福斯拍攝的電影。順帶一提，泰國法律有所謂的「不敬罪」，由於這部電影中，有關國王和王室的描寫被認為不適切，至今在泰國仍被禁止上映和銷售。

「陳金鐘雖然是外國人，但他就像是泰國國王的親信，在王宮裡出入自如。他會介紹家庭教師，或是給予外交方面的建言。當然，他作為商人，也從貿易面上幫助了泰國的經濟。」

「他將泰國產品經由英國及荷蘭的東印度公司所使用的遠洋航線，或是峇峇娘惹地區的物流網路，出口到亞洲各地，或是歐洲。例如泰國米，現在已經是國際級商品，在世界各地都買得到。據說第一次將泰國米出口到海外的，就是我的曾祖父。」

線索：車牌「8」

陳金鐘得到暹羅國王拉瑪四世賜予的土地和名字，並和泰國女性結了婚。這位女性就是提拉烏的曾祖母昆寧．普蘭，據說她曾是宮廷內的女性。很可能是國王透過「賜予」的方式，讓宮廷內的泰國女性與峇峇娘惹陳金鐘結婚的。

大約八年前，提拉烏和夫人在收拾房子時找到了一張舊相片。相片上的是那位曾祖母，應該是她去新加坡的時候拍的。她穿著峇峇娘惹的傳統服裝露出微笑，那個笑容怎麼看都是泰國人。

相片中可以看到一輛類似馬車造型的黑色汽車。這是在福特量產汽車之前的時代，汽車是手工製的高級品。只有一個數字「8」的車牌，很是搶眼。

「我不曉得為什麼，被這輛車吸引了。因為這張照片，我和新加坡的遠親開始了交流。這是什麼車？車主是我的曾祖父陳金鐘嗎？這是他在新加坡那邊的家的車子嗎？我停不住好奇心。於是我給新加坡的熟人發了一封電子郵件，開始尋找線索。」

在新加坡，車牌上的「8」意思是第八輛車。華人喜歡形狀上窄下寬「八」字，現代中國人也非常喜歡數字「8」，據說在中國，有八的電話號碼和汽車車牌可以賣得很貴。陳金鐘的家族能夠在十九世紀末的新加坡擁有幸運數字「8」的車牌，也證明了他擁有那樣的實力。

透過這台車，提拉烏找到了陳金鐘在新加坡的後代的聯繫方式。他寫信自我介紹，「我們是陳篤生的後代」，並附上汽車照片。聽說收件人看到寄件人的名字是泰國人「提拉烏・科曼」和「希利拉克沙那・科曼」，一開始有些困惑。

不久後，「新加坡嫡系」的代表人來到了提拉烏的家。他們其實是抱著半信半疑的心情，前來了解對方的身分。但看到在曼谷這棟氣派的房子和生活後，感到很驚訝。原來連在曼谷，峇峇娘惹家族的血脈都一直延續著，而且還在泰國社會擁有很高的地位。「嫡系」的人對此非常感動。

「陳金鐘過去橫跨南洋，在新加坡和泰國過著雙重生活。他在新加坡有一位正室，是峇峇娘惹人。他有三位妻子，孩子約有二十人。陳金鐘在新加坡的長子與在曼谷的最小女兒，兩人年齡差了四十歲。至今已歷經了三代，親戚可能有一百多人吧。」

曾祖父陳金鐘在十九世紀末的一八九二年，於新加坡過世，享年六十三歲。

提拉烏的曾祖母，也就是陳金鐘的泰國妻子說，在陳金鐘晚年，她是和正室一家一起在新加坡生活的。然而，曾祖父去世不久後，她就高興地帶著孩子們回到了祖國泰國。提拉烏認為，這並不是她因為不喜歡丈夫，而是因為不想被捲入家族財產的繼承問題。畢竟，在曼谷，他們有國王賜予的土地和房子，即使沒有遺產，生活也不成問題。

多虧這點，現在提拉烏一家在曼谷過著平靜的日子。在新加坡被譽為偉人的慈善家陳篤生，他的後裔在海洋另一端的泰國也發展得很好，活躍在商業界、學術界等各個領域。

創造亞洲和平的外交官父親

——話說，這棟房子現在沒有人住，原本的主人是誰呢？

採訪和閒聊過了三小時，在即將結束時，我問了一個一直沒有機會提出的問題。提拉烏．科曼先生露出了困惑的表情。

「是我父親。我父親叫做他納．科曼。您知道他兩年前去世了嗎？」

我感覺到我的臉開始紅了起來。

說到他納．科曼（Thanat Khoman），我當然知道。他是東南亞國家協會（ASEAN）的創始人之一，被美國及歐洲譽為「創造亞洲和平的泰國外交官」的著名前泰國外交部部長，是一九六〇年代，改變東南亞歷史而聞名的泰國外交史上的英雄。原來科曼前部長就是提拉烏的父親，也是這座老房子的主人。

原本，我是來曼谷追尋十九世紀峇峇娘惹偉人的腳步，沒想到竟然找到了二十世紀泰國偉人的家。

科曼夫婦與曼谷宣言之畫，作者攝

二〇一六年三月四日的日本經濟新聞報紙，有一篇由我的同事小谷洋司記者撰寫的簡短報導。

標題為「他納．科曼去世——泰國前外交部長，曾致力於創設東協」，內文如下：「（曼谷特派記者小谷洋司）曾擔任泰國外交部長並竭力創立東南亞國家協會的他納．科曼，三日在首都曼谷的一家醫院因衰老而去世，享年一百零一歲。一九六七年，他與菲律賓等周邊四個國家的外交部長共同發表創立東協的《曼谷宣言》，開創了區域合作的新路徑。」

我終於明白，為什麼這棟老房子沒有整建，而且女傭們依然持續清潔保養。這些女傭直到二〇一六年，科曼部長去世時，都還為他工作。

曼谷也有峇峇娘惹文化的價值觀

「有人說，東協是美國為了阻止共產主義勢力而推動創立的。然而，若是沒有他納的斡旋，那時印尼和馬來西亞這兩個敵對的國家，不可能同意創立東協。」

曾任大學教授，對亞洲近代史十分了解的希利拉克沙那女士，為我解說當時的東南亞政治局勢。

當時的新加坡剛被馬來西亞驅逐，李光耀的力量也尚未穩固。印尼則正處於從蘇卡諾過渡至蘇哈托政權的時期，政治局勢動盪。在殖民地時代被分割的馬來西亞與印尼，就像最近的韓國與北韓一樣，關係非常緊張。而且當時的泰國還算不上是強國，沒有辦法憑著軍事或經濟力量來影響其他國家。

共產主義勢力自印度支那半島南下，染紅了寮國、越南和柬埔寨，但是作為超級大國的美國，對是否介入東南亞卻顯得猶豫不決。而在這樣嚴峻的國際情勢中，唯一積極穿梭於亞洲各國與華盛頓之間，在幕後不斷持續進行和平工作的人，就是泰國的外交部長他納・科曼。

要讓東南亞各國的關係穩定起來並發展經濟，非常需要明文規定的區域合作框架。泰國、印尼、菲律賓、馬來西亞和新加坡這五個國家，之所以能夠克服眼前的利益衝突，達成創立東協的共識，正是因為有他納的奮鬥和外交手腕。

在泰國外交部長他納・科曼的號召下，五個國家的外交部長於一九六七年八月五日，以非官方的形式齊聚在曼谷郊區的度假勝地邦賢（Bang Saen）。經過整整三天激烈的辯論後，他們同意為了和平而建立區域合作框架協議。八月八日，他們簽署了確立東協成立的文件，即是《曼谷宣言》。這一天是東南亞歷史的重要轉折點。

「今天我們所決定的事情，僅僅是一個將一直持續至未來的連鎖效應的一小步。我們希望，這將成為一項偉業，能夠讓我們自己，以及未來加入我們的人們，還有未來的後代都引以為傲。」

在發布《曼谷宣言》的那一天，外交部長他納如此寫道，彷彿他已經預見到未來冷戰結束後，東協將扮演的角色將愈趨重要。現在東協的成員國還增加了汶萊、越南、寮國、柬埔寨、緬甸等，共十國。

「這幅畫畫的的是五個國家的外交部長共同發表《曼谷宣言》的情景。」

中間的人就是外交部長他納。提拉烏夫婦帶我參觀了這座沒有主人的房子，這裡就像是一間展示東南亞近現代史史料的博物館。

在二樓深處有個房間，裡面擺滿了寫著漢字人名，像是神主牌位的木板。每個牌位前都供奉著線香和鮮花。這是祭拜峇峇娘惹祖先的房間。原來當我一進這個房子時，所聞到的香味，就是從這裡飄出的。

「或許在新加坡的遠親們，可能希望看到峇峇娘惹家族在泰國也傳承下去。但說實話，我本身並沒有峇峇娘惹認同。我是泰國人。我的家族已經是泰國人了。」

提拉烏他帶著有點抱歉的表情如此說道。

但是，我並不這麼認為。我覺得尋求和平與安穩，透過權衡還有人格特質串連起各國的他納・科曼身上，也具有峇峇娘惹的價值觀。穿梭於亞洲的他納，與連接泰國及新加坡的陳金鐘，兩人非常相似。

爪哇島的峇峇娘惹

追趕著峇峇娘惹社群的領袖

那個人穿越人群，迅速地在黑暗中前進。他身高不高，如果離得太遠，就會在人群中失去他的蹤影。我拚命小跑步跟上，他那像是戰鬥服的襯衫，不時消失又出現在我的視線中，靈活地左右移動。我專注地盯著他的背影拚命追趕，根本沒有餘裕欣賞慶典的風光。

二〇一八年三月，農曆新年後第十五天的晚上，我們來到了爪哇島西部的古都，人口約百萬的茂物。聽說一年一度的峇峇娘惹節慶「元宵節」即將要舉行，我想，說不定可以在這裡遇到印尼的峇峇娘惹。我聽說他們與新加坡和馬來西亞的峇峇娘惹進化的方向不同，發展出了屬於他們的多元文化。

這個活動的規模比想像中的還要大，遊行經過的道路擠滿了大量的遊客。這些觀眾不只有茂物的居民，每年會有許多遊客從首都雅加達（車程約一個半小時）等周邊的城市，甚至亞洲其他國家和歐美國家湧向這裡。茂物的元宵節在印尼也是非常具有特色的慶典，現在聲名逐漸傳到了全世界。

人、人、人，到處都是人，我粗估這些群眾大約超過了七、八萬人，不愧是人口二點五億的大國，與其他東南亞國家的慶典相比，規模完全不同。

我的四人採訪團隊在人潮中追趕的，是負責整個元宵節活動的貢土爾．桑托索（Guntur Santoso）先生。他是一位五十九歲的生意人，經營一間印刷公司。他是以志工的身分參與慶典運作的，據說他是這附近峇峇娘惹社群的領袖。

我告訴貢土爾，這是我們幾個人第一次參加印尼的慶典。他說：「那我們去看看遊行領頭的麒麟吧。」一語畢，他突然就跑進了擁擠的人群中。此時天色已暗，很難看清楚別人身上的穿著顏色和長相。四處響起太鼓聲和鑼聲，以至於聽不見人們的聲音，祭典來到了最高潮。

貢土爾直指遊行的前頭，就像劃開水面一樣往前邁進。奇怪的是，前面的人群往

貢土爾．桑托索，柏原敬樹攝

左右分開了，開出一道路。我們則是拚命地跟在後面。

突然，我注意到附近有像忍者般的人影。有三、四，五個男子，以相同的速度和我們平行前進。不對，貢土爾前面還有一個人在跑。

原來，在不知情的情況下，這幾名便衣警察包圍並默默地保護著我們。可以看到他們短袖下強壯的手臂肌肉。他們用手臂和手肘毫不留情地推開擋在前方的人群，腰間還配有槍。原來擔任志工領袖的貢土爾，實際上是茂物一名很重要的人物。原來，這就是為何他全身散發著強烈氣場的理由。也就是從這時候開始，我們

峇峇娘惹的元宵節祭典，柏原敬樹攝

才清楚意識到，為何在慶典的歡樂氣氛中一直隱藏著一股莫名的緊張感。

為了生存的慶典

「你問為什麼要辦？這是為了生存。」

當我詢問貢土爾，為何要策劃這樣大型慶典時，他如此回答。元宵節最初是華人的傳統活動，但為了讓印尼的華人能夠在這個國家生存下來，他們才策劃了這個慶典。貢土爾等峇峇娘惹的願望，是讓印尼社會能夠認同華人國民的存在。

元宵節（Cap Go Meh），簡稱「CG

M」，這一天茂物市會掛上很多寫著「CGM」三個字的招牌及橫幅。農曆新年第一天，象徵繁榮的神明降臨人間，接著神明會在最後一天的正月十五回到天廳。自古以來，在中國流傳的慶祝和祭拜傳統，如今演變成包括爪哇島西部的異他族，以及中部、東部的爪哇族都參與其中的盛大慶典。

攜家帶眷開心觀看遊行的，大多是穆斯林，女性會戴著頭巾遮住頭髮。茂物的人口八成以上是原住民異他人，而華人（包括峇峇娘惹）僅佔百分之五。

「穆斯林在今天日落後的祈禱時間，正好是十八點十四分。我們的行程表已經訂好，等到他們完成禮拜，二十分鐘後，遊行主隊才會開始行動。」

原來看似沒有秩序，但實際上一切都是按照預定的計劃進行的。下午的開幕式結束後，接著是舞蹈和音樂表演。到日落，則是穆斯林的禮拜時間。

整個城市，都聽得見禮拜的導師透過街頭廣播迴盪的宣禮聲。對於峇峇娘惹和華人來說，這個時間也讓他們轉換到了神聖的心境。祈禱結束後，氣氛瞬間變得緊張。接著，從黑暗的寺廟深處出現了一座神轎，也就是貢土爾所說的「麒麟」，悄悄現身了

多元宗教、多元族群、多元文化的融合象徵

「元宵節雖然基本上是華人習俗，但在茂物已經是象徵多元宗教、多元族群、多元文化融合的慶典了。」

遊行開始的開幕式上，會有伊斯蘭教、佛教、印度教、天主教、基督教五個宗教的導師或是法師，依序站在麥克風前發表祝辭和祈禱。我們被邀請到台上的貴賓席，可以從高處往下看到觀眾們的樣子。

每當演講的宗教領袖更換時，就會發現群眾中有不同的團體做出了反應，露出認真的表情，這樣的景象令人耳目一新。穿制服的保安警察也是一樣，當穆斯林警察低頭幾分鐘的時候，華人和印度教徒的警察會站直，緊盯著人群。當佛教的僧侶開始講話時，就輪到穆斯林警察抬起頭，將銳利的目光投向群眾。也就是說，不同宗教的人們會互相守護著對方。

到場的嘉賓包括了茂物市市長、中央的國民議會及地方代表議會的議員、軍隊司令官和警察高層，以及當地出生的華僑前印尼小姐等等。我想，這個典禮盡可能地邀

請了具影響力或具知名度的人，雖然每個人的致詞都很冗長。

隨後的遊行簡直像是世界博覽會。主題是印尼的各個島嶼，包括蘇門答臘、爪哇、婆羅洲、峇里、新幾內亞。這些相關的團體接連登場，各自組成隊伍連成一片移動著。

「那是峇里島的民族傳統藝術卡恰舞，然後是東爪哇的傳統武術，再來是西爪哇的掃帚舞。遠處可見的是龍目島的傳統舞蹈團體……」

幸好有貢土爾在旁一一為我解說，不然我們根本無法分辨哪個團體是代表了哪個地方的傳統技藝。由三千個大小不同的島嶼組成的印尼文化，是如此多采多姿又豐富，讓我再次感受到了這個國家的底蘊。

其中還有一些穿著韓國的赤古里裙，隨著韓劇主題曲配樂起舞的團體。也有一群身穿奇裝異服的人，我想有些裝扮應該是「哆啦A夢」或「凱蒂貓」吧，但實在不是很像。這裡什麼都有，可以感受到多元的魄力，或是說大雜燴，也可說，這就是印尼這個大國的厲害之處。

「墜入凡間的華人」

——請等一下，這真的是「峇峇娘惹的節日」嗎？這樣已經不能算是峇峇娘惹或華人的東西了吧？

「不，元宵節是峇峇娘惹的節日。但正因為我們選擇不將傳統當作是自己的祕密，而是向社會大眾開放，才能這樣發展並延續下去。」

——應該先問，您本身是峇峇娘惹人嗎？

「我是峇峇娘惹。我十代前的祖先是從中國過來的，然後在這塊土地上本土化了。」

——那麼，「峇峇娘惹」在印尼的定義是什麼呢？

「沒有明確的定義。但我想是在地化，也就是融合原住民文化及習俗並演化的華人。硬要說的話，我們大概是『墜入凡間的華人』。」

貢土爾露出微笑這麼說著。眯起的眼睛似乎在說「無所謂吧，定義這種東西」。

我突然想起，新加坡峇峇娘惹協會的人脫口而出的話，他們說「印尼的峇峇娘惹完全不一樣。」在新加坡，要滿足以下所有的條件，才算是峇峇娘惹。一、至少十六分之一以上的馬來血統，二、母語是峇峇馬來語，三、至少四代以上本土化。

新加坡的政府和峇峇娘惹們，是用語言和數字來重新定義現代峇峇娘惹的身分的。但是，在二點六億人口的印尼，回頭望向三千萬人口的馬來半島，就覺得，他們那麼努力似乎是小題大做。

據貢土爾所說，印尼的峇峇娘惹就像是中東的猶太人。因為他們沒有自己的土地，徘徊在各個不同的國家，努力生存著。貢土爾舉例，這就像是摩西帶領受迫害的猶太人從埃及逃亡的「出埃及記」。他說「我們的出埃及記仍未結束」。「如果有必要就改變自己，這就是我們之所以能夠活下來的原因。往後也會如此吧。印尼的峇峇娘惹，可能是東南亞失去最多原始文化的華人。」

這其中也有遭受迫害的歷史。一九六五年到一九九八年，蘇哈托政府推行了華人同化政策，華人國民必須改掉中文名，使用印尼式的名字。傳統技藝和文化也被禁止了，包括元宵節。直到哈比比總統上台，印尼開始走向民主化，慶典才得以恢復，而那已經要到一九九九年了。

起點來自與穆斯林的相遇

茂物的元宵節演變成如今這樣盛大的活動，起因於貢土爾與一位穆斯林的相遇。哈蘭．貝佳迪（Harlan Bengardi）先生，現在被貢土爾稱為「唯一的摯友」。他得知貢土爾與峇峇娘惹得同伴想要重新舉辦元宵節的原因後，對他們的精神很是敬佩。「剛好在元宵節結束後的第二十天，我們要舉辦穆斯林的活動。但是舉辦活動的經費卻沒有了。因為穆斯林社區以異他人的中小企業為主，並不富裕。」「經費至少需要二千美元，但當時的市長表示只能出一千五百美元。我們對行政部門那種自以為是的態度很不滿，所以把錢丟回去給了市政府。」

但這下子就傷腦筋了，活動的日子就要到了。穆斯林社區的重要人物們聚集在清真寺，一起討論該如何籌到經費。有沒有辦法向經濟較富裕的華人社區尋求幫助呢？討論得出結論是，「只要是清真的錢就可以」。清真（Halal）指的是符合伊斯蘭教教義，表示「合法」。例如，穆斯林不會食用「非清真」的豬肉和酒。

哈蘭打電話給峇峇娘惹領袖的貢土爾，向他說明狀況。「是不是可以請華人的寺廟提供資金上的幫忙？」，貢土爾二話不說就答應了，因為這是可以和多數派的穆斯林打好關係的機會，也就是說，是為了「生存」。

在這樣的背景下，茂物的穆斯林活動得以順利舉行。隔年作為回禮，穆斯林的孩子們在華人的寺廟表演合唱。華人和穆斯林共同合作，使得茂物市更加熱絡的基礎，就是在這時候奠定的。這是二〇〇九年發生的故事。

之後，元宵節的形式逐漸發展成涵蓋了整個印尼的傳統和文化，成為象徵茂物市多元文化主義和多元民族主義的活動。

貢土爾的寺廟自二〇一五年起，開始邀請四百名孤兒院的兒童，讓他們和當地居民進行互動。雖然是在齋戒月舉辦的，但仍有很多穆斯林到場祝福。

他給我看那些活動的照片，背景的建築物是華人峇峇娘惹的風格。可以看到異他人和爪哇人的大人小孩互相交換禮物，開心地聊天，很是溫馨。

話說回來，為什麼身為穆斯林的哈蘭，會求助於峇峇娘惹的貢土爾呢？

「因為我也是峇峇娘惹。我和貢土爾都有一顆共榮的心。我是穆斯林，但我也是華人峇峇娘惹。」

原來如此，他的長相確實比較像是華人。哈蘭的父母是佛教徒，但在成年後，哈蘭皈依了伊斯蘭教。他曾在夏威夷以及舊金山的大學讀書，也曾住在瑞士。但他曾有一段時間沉溺於毒品，過著墮落的生活。後來他遇到了伊斯蘭教，得到救贖，終於重新成為一位站在前線的成功商人。他開展父親創立的農業公司，現在已經是茂物市經濟的支柱之一。

哈蘭遊歷世界各國，之後成為穆斯林，又回到了故鄉，貢獻當地經濟。不斷改變自己並生存下來，他正是印尼的峇峇娘惹代表人物。

靈獸的長相

把場景拉回到節慶的熙攘人群吧。

在便衣警察的保護下，貢土爾和我們終於到達了遊行隊伍的前頭。可以看到遠處正在上演「麒麟」舞。那隻「麒麟」激烈地擺動著頭，動作看起來和日本的獅子舞很

青蛙臉的麒麟，作者攝

像。

當時已經很晚了，還下著一陣一陣的大雨。我們穿著雨衣，自中午開始一直在吵鬧的人群中奔波，已經筋疲力盡。

鼓聲和銅鑼聲在耳邊迴響，我們擠開密密麻麻的觀眾前進，身體被撞來撞去，路面的高低差讓身體差點跌倒，但是我們一定要去看印尼峇峇娘惹視為聖獸的「麒麟」長什麼樣子。「麒麟」，應該指的是中國神話中的神獸。

再五公尺、三公尺……。終於，「麒麟」就像是察覺到我們逼近一樣，回過頭來看著我們。而它，竟然長得像一隻青蛙。

據說十五世紀時，明朝永樂帝派遣鄭和將軍的大艦隊，曾經到靠港在爪哇和峇里島。永樂帝很喜愛鄭和從非洲帶回的長頸鹿，認為長頸鹿和「傳說中的麒麟」很像。麒麟舞起源於明朝永樂時代的中國，或許，隨著鄭和的艦隊被傳到東南亞各地。

麒麟應該是長得像獅子或馬的動物，但在印尼這塊熱帶雨林的土地上在地化後，或許樣子也跟著變了。也有可能，是為了讓當地居民能認得出來，而刻意改成他們認識的動物。

那隻綠色青蛙的大臉向我們接近，歪著頭目不轉睛地盯著我們。兩個簡單的大燈泡眼睛閃爍著奇異的光芒。

「你懂了嗎？這就是印尼式的峇峇娘惹生存之道。」

我感覺到麒麟似乎如此對我們說著。

第五章

創造未來的人

散居在東南亞各地的峇峇娘惹，在漫長的歷史中逐漸融入他們所在的土地。而在十九世紀海峽殖民地的時代閃閃發光，一度繁榮興盛的峇峇娘惹傳統文化，似乎已經離我們遠去。逐漸式微的峇峇娘惹文化，是否將會消失在歷史的長河之中呢？

今天，新的峇峇娘惹世代正在挑戰未來，嘗試創造新的價值。在本章，我們將追尋這幾位峇峇娘惹，他們在確立自己的存在意義和身分認同的同時，也在各自的領域上不斷進化著。

開闢味覺的新天地

喜喜娘惹菜的主廚李小明（Malcolm Lee）先生，才剛從憂鬱症的低谷中回到現實世界。他獲得米其林一星的代價其實不少。

「因為一直在腦海中思考著料理，我開始失眠。就算我吃了安眠藥，躺在餐廳的地板上，還是無法成眠，直到早上。我甚至還曾經直接向店裡的同事說，想要放棄這份工作。」

小明穿的不是一般廚師穿的白衣，而是一件黑色的短袖襯衫。他在襯衫上加了一件合身的黑色圍裙，短袖的口袋上插著一支像是銀色鋼筆的棒狀物。原來那是一支鑷子。

說起來，剛剛在最後一道甜點上面，放了幾朵只有幾公分大的小花。還有一道菜上面裝飾著金箔和類似香料的植物莖葉。他應該是用那支鑷子來做這些細膩的擺盤的。

李小明，作者攝

原來他不只是用刀切或用筷子夾。我不禁想像大廚低頭在廚房台前，緊緊靠近盤子，一邊完成料理擺盤的模樣。難怪他的精神會如此受到消磨。

娘惹菜的「障礙」

李小明大廚的餐廳「Candlenut」，在二〇一六年的美食評鑑書《米其林指南》中獲得了一顆星。娘惹菜以平易近人的家常菜聞名，因此過去幾乎沒有餐廳獲得過米其林的星星。而到了第二年，小明的餐廳也持續留在榜上，他也成為了新加坡料理界的年輕新星，被評價為「在傳統料理的領域中開創了全新的境界」。

「無論早晚，我都在思考著料理。我搬到了新的店面，也增加了廚房的人手。同樣的菜餚，如果上菜的數量不同，料理的方式也會隨之不同。所以我必須在腦中重新設計所有的工作。工作、工作、工作，我工作超時，但時間還是不夠……。交往對象也跟我分手了。之後突如其來地，就得到了憂鬱症。」

李小明三十三歲，長相仍有點稚嫩。但他默默工作的樣子，看起來像是四十幾歲且經驗老到的廚師。他話不多，但也不會給人沉重的感覺。他散發著敏銳的氣質，可以看出他不只是手巧，而且會動腦。

小明說，他希望將峇峇娘惹家庭代代相傳的娘惹菜的地位，提升到像是高級餐廳料理的高度。比如說，「娘惹糕」這種峇峇娘惹的傳統甜點，使用椰奶、木薯粉和糖漿製作，在餐廳售價一美元，卻被說「太貴」了，然而人們卻很樂意付出三美元購買法國的馬卡龍。既然法國料理和甜點可以在時尚的店面被當作高級品販售，那為什麼峇峇娘惹的食物卻只能被當成次級，甚至三級品呢？

兩者的差別，並不是哪一種更好看，或是哪一種更好吃。差別其實是人們心中的刻板印象。他們覺得，「峇峇娘惹菜就只是在家中製作的，是只會在家裡吃的東西。」馬卡龍的材料主要是蛋白、砂糖和杏仁粉；而娘惹糕則需要椰奶、木薯粉、地瓜、甘蔗、七葉蘭（一種具有甜甜香氣的香草）等等。把材料的種類和花費的時間一併考慮進去的話，其實娘惹菜的烹飪方法更為複雜。

這也是娘惹菜的障礙。正因它是家常菜，所以還無法升級成在餐廳消費享受的產品。這與美味的程度無關，而是與視覺美感、擺盤方式、器皿的顏色圖案、每道菜的份量、套餐的出餐順序和時機、桌邊服務、香味、聲音……等等有關。

「我意識到，廚師的工作並不僅僅是煮菜，而是帶給吃下去的客人感動，這才是廚師的工作。那要如何才能讓顧客感到幸福？如何讓他們感覺度過了美好的時光？廚師所創造的價值當中，其實料理只佔了十分之一。」

當小明這樣想的同時，他也找到了前方的道路。他已經從母親那裡學到了傳統的味道，接下來就是如何「製作」了。

小明的原點，是母親的家常菜。直到現在，他仍然認為自己超越不了母親做的娘惹菜的味道，不過這是以家人圍繞在一起吃飯的情況下去比較的。

「Candlenut」餐廳的菜單及甜點，作者攝

「家庭和餐廳，兩者烹飪的方式是不同的。在家裡，只要做四人份的菜就可以了，但這間店一個晚上會有一百多位客人上門。如果是在餐廳裡做一道菜，我可以百分之百確定自己能超越母親。」

第二道菜的湯品，讓我非常驚豔。雖然碗底僅僅擺放著幾個一口大小的食材，但根據菜單上的描述，這道菜包含了魚肉歐姆蛋、蟹肉雞肉丸、白菜卷、魚肚，還有特製的雞清高湯，但裡面卻沒有湯汁。

我和朋友討論哪個食材是哪個，看著菜單，將上面的名詞與碗中的食物相互對照。此時，女服務生悄悄地出現，拿出水壺，將湯汁倒入碗中。那一瞬間，飄出了

精心策劃的餐點令人驚艷，作者攝

帶有一絲甜甜香味的熱氣，讓人不禁發出「哦哦」的驚嘆聲。

原來這一切都經過了精心的設計，食材逐漸融入熱湯之中，釋放出多層次的味道。這道湯品裡的每個食材，都使用了娘惹料理的特殊材料，並經過長時間的烹煮，這簡直是一場味覺、視覺、聽覺、嗅覺以及口感的藝術表演。在採訪之後，我似乎明白了小明所說的「廚師的工作」的意義。

他們說餐廳每隔二到三個月會更換菜單，每次都要想出新的創意娘惹菜套餐。他們不只是思考料理本身，還包括挑選器皿、擺盤、服務方式，並且會讓全體員工一起練習，將這一切都變成一個「產品」。兩週前才剛開始供應的新菜單，現在已經在新加坡的美食愛好者之間得到了好評。今天的菜單可參閱後頁。

你是否可以從這些菜色的名稱，去想像出什麼是最頂尖的娘惹菜呢？

專欄（四）：CANDLENUT的無菜單料理

【前菜】

自製小金杯（一種外層酥脆的娘惹派）、挪威鮭魚佐塔塔醬、醃漬小紅蔥、叻沙葉青醬。

Homemade Kueh Pie Tee Shell, Norwegian Salmon Tartar, Pickled Shallot, Laksa Leaf Pesto

炭烤瑪奧里湖羊肩沙嗲，甜醬油。

Charcoal Grilled Maori Lakes Lamb Shoulder Satay, Sweet Soy Sauce

【湯品】

魚肚、魚肉歐姆蛋、蟹肉雞肉丸、白菜卷、特製雞肉清高湯。

Fish Maw, Fish Omelette, Crab and Chicken Ball, Napa Cabbage Roll, Superior Chicken Broth

【沙拉】

四角豆沙拉、紅蘿蔔嬰、腰果、檸檬草、薄荷、金桔沙拉醬。

Wing Bean Salad, Baby Red Radish, Cashew Nuts, Lemongrass, Mint, Calamansi Lime Dressing

【主菜】

主廚媽媽的草蝦咖哩，薑黃、白胡椒粒、地瓜葉。

Chef's Mum's Curry of King Tiger Prawn, Turmeric, White Pepper Corn, Sweet Potato Leaves

燻煙土雞和椰漿乾咖哩、炒小紅蔥、青香蕉、卡菲爾萊姆葉。

Dry Coconut Curry of Smoked Kampung Chicken, Fried Shallots, Green Banana, Kaffir Lime Leaf.

馬來風格紅燒薑絲魚、午仔魚柳、薑、豆豉。

Ikan Chuan Chuan, Threadfin Fillet, Ginger, Tau Cheo

黑安格斯放牧牛短肋、印尼黑果、娘惹經典黑色堅果辣醬

Rangers Valley Black Angus Beef Short Rib, Buah Keluak, Peranakan. Signature Black Nut Sambal

中式炒伊比利豬肉（特選豬頸肉）、現作豆腐、自製蝦醬、中國芹菜。

Wok Fried Iberico Pork Secreto, Fresh Tau Kwa, Homemade Chincalok. Chillis, Chinese Celery

有機農家辛香料水煮蛋

Freedom Range Co. Sambal Telur

泰國茉莉香米（一鍋）

Served communal style with "Thai Hom Mali' rice

【餐後甜點】

椰子刨冰、西米露佐梨子、椰糖漿。

Shaved Coconut Ice, Sago Peals, Gula Melaka Sauce

自製傳統娘惹糕及甜點。

Homemade Traditional Nyonya Kuehs and Sweets

蝶豆花茶（一種透明的藍色草本茶）

Served with Bunga Telang Tea

「如何創造出感動？」

儘管李小明主廚因過勞而得到了憂鬱症，但這也讓他發現到自己的工作並不只是烹飪。他因此產生了新的目標，並重新振作起來。那麼，要如何才能創造出感動呢？首先，一個不快樂的人，決不可能讓客人感到快樂。因此他毅然決然，將原本一週連續工作七天的模式，改為週休三日，也就是每週只有四天進廚房工作。

「Candlenut」現在已經是一間名店，全年無休，員工有二十二名。有需要的話，小明可以打電話下達指示，他不需親自到場，餐廳也能正常運作。

「日本的懷石料理，不是會端著蓋上蓋子的器皿嗎？當打開蓋子時，就會聞到柚子的香氣……。娘惹菜是從家常菜演變來的，所以缺少了這種創意。」

我對小明說，雖然您才三十多歲，但已經累積相當多的經驗，也學了很多呢。但他馬上回應我，「我是被逼著成長的」。

每當他在不同的飲食文化中發現新元素，他就會將其吸收，並融入自己店裡的料理和服務當中。因為他若是不這樣做，源自馬來和中華文化兩者混合而產生的娘惹菜，就會停止進化了。

我看見小明他身為一個峇峇娘惹，努力地在當代生活中，抓住屬於他自己的幸福。他說，他現在已經不會從那顆「米其林星星」之下感到壓力了。我看到他臉上的笑容，相信他說的是真心話。

梵谷的崛起

製作峇峇娘惹風格的服飾

既然有在料理界開創新天地的峇峇娘惹，在服飾界，也有一位這樣的挑戰者。本書第三章曾簡單介紹過的設計師黃俊榮（Raymond Wong），他正不斷嘗試改良峇峇娘惹女性的傳統服裝可巴雅紗籠裙，以及男性的巴迪衫。

他是如何製作峇峇娘惹風格的服飾呢？要捕捉到設計師工作的感性部分，我想親身體驗還是最快的。因此，我決定請他為我量身訂做一件上衣。

「你想要做怎樣的衣服？一般外出服？還是在有點正式的場合也能穿的那種？」

我跟俊榮已經認識了一段時間，他最早告訴我峇峇娘惹文化基本知識的人之一。

他和家人經營一間販售峇峇娘惹的紀念品和糕餅的店。黃家的店名叫金珠，位於新加坡加東地區，那裡還保留著昔日的峇峇娘惹風情。

俊榮是二樓服飾區的負責人。他都是自己採購布料，並和客人討論衣服的設計內容。店鋪後面狹小的工作間裡面有三、四名員工，正在進行裁剪和縫製的工作。縫紉機發出的咔嚓咔嚓聲聽起來很舒服，整間店都能聽見。

俊榮很清楚我的個性和喜好，他也知道我之後會結束派駐在新加坡的任務，回到日本生活。

「你應該不會有什麼機會在東京的正式場合穿巴迪衫。日本公司都是穿西裝，所以也不須考慮在辦公室穿的情況。那我們可以想像一下，比方說，週末在家附近散步。日本有冬天，所以我們可以做長袖的。」

俊榮似乎正在想像東京的風景。

使用丹寧布製作巴迪衫

首先是布料的挑選。

「你喜歡藍色對吧？你來這間店的時候，一半以上都是穿著藍色的上衣。」

被他這麼一說，我才發現這點。的確，我家的衣櫥裡幾乎都是藍色系的衣服。我已經來過這家店很多次了，常常碰到有其他客人，俊榮就會對我說「抱歉，稍等一下」，沒想到他竟然在忙碌之餘，還觀察了我的服裝，甚至掌握了我喜歡的色彩。

「很多客人並不知道如何搭配峇峇娘惹的衣服，所以我必須仔細告訴他們。這也代表峇峇娘惹的服飾文化已經停滯，沒有在世間流傳。」

俊榮向我解釋，他為什麼要花時間接待客人。這聽起來，與其說是賣東西，更像是顧客服務。

要如何將紗籠（裹裙）合身地穿上並固定好？哪種圖案的可巴雅（上衣）搭配哪種顏色的紗籠最好看？俊榮曾經給予想要穿著可巴雅紗籠裙參加派對的女性，從頭到腳提供建議。他的工作就像是「穿衣教室」。

俊榮從裡面的房間，拿出製作我的上衣用的布料樣品。裡面有淺藍色、明亮的藍色、深藍色，不過每一塊都是素色的。

我有點失望。我原本想說，既然要做巴迪衫，就會是印有東南亞風格的細膩圖案的

黃俊榮，作者攝

布料。他展示給我看的布料，色彩雖然漂亮，但看起來並不特別。他是不是認為，我這個日本人無法駕馭有圖案的上衣？

「不，不是這樣。我的峇峇娘惹上衣不是只用這一塊布料去作的。你現在要挑的，只是內裡用的布料。重點還在後面，不用擔心。」

我不太懂他說的內裡究竟是什麼，但總之我先挑了一塊接近日本傳統藍色的海軍藍布料。接著俊榮喊了一聲「喂」，把在店裡的阿姨叫了過來，對阿姨說「這樣可以嗎」，並詢問她的意見。他的阿姨拿起這塊布，和我的臉擺在一起比較著，又拿起另一塊顏色差不多的布料沉思著。看來，儘管要做衣服的是我，但決定的是他們兩位，而不是我。

最後，決定使用丹寧布。我原以為丹寧布是用來作牛仔褲的，應該都很厚。但實際上也有薄的丹寧布，可以用來做上衣。丹寧布的特色是以靛藍染料製作，具有明亮且沉穩的藍色。使用丹寧布來製作巴迪衫，是俊榮開創的新工法。

應該要創造而非保護傳統文化

「我們峇峇娘惹的祖先原本是貿易商人。正因為這種商業的進取精神，才能夠吸收各種不同文化的材料和技術，創造出新的工藝或是美術。我也是靠時裝業生活的，既然要做生意，就必須當個挑戰者。」

服飾，就是人們以穿搭來表達自我的一種方式。而時裝業的本質，就是開創新的表達方式，並創造出經濟價值。俊榮總是在思考，站在不斷更新的時裝業前線，身為峇峇娘惹，他可以創造出怎樣的表達方式呢？他認為，傳統文化並不是只要保護它就好，而是可以去創造的。

巴迪衫的染布技術，一般認為源自於印度棉布，並且是在印尼爪哇島發展成熟的。在日本，巴迪衫也叫做「爪哇更紗」。

廣義上，巴迪衫是指「蠟染布」。蠟染是一種繪圖技巧，是使用蠟覆蓋需要染色以外的部分，以保留布料本來的顏色。蠟染不僅會用細膩的手工在布料上繪圖，還會使用多種染料，調整顏色的種類、彩度和明亮度，進行漸層染色。

蠟染在爪哇島上，已經是傳承已久的古老技術。但巴迪衫的工業化，則是在十九世紀荷蘭統治時期才開始發展的。因此最初源自印尼群島、印度、中國等地的傳統圖案，後來也加入了歐洲的設計元素。

第二次世界大戰期間，印尼被日本統治，因此蠟染也加入了模仿日本和服的設計。現在這些上面有富士山，或是扇子圖案的稀有巴迪衫，很受到收藏家們的喜愛。

「本來就沒有所謂沓沓娘惹原創的東西，所以結合各種元素，去創造好玩的、好看的東西，這才是我們存在的意義吧？」

正是如此，俊榮才敢大膽將丹寧布和巴迪衫結合在一起製作。俊榮常常使用智慧型手機查看歐洲趨勢預測公司的報告。「今年，薄款丹寧布料可能會開始流行」，他似乎如此期待著。

關鍵在於縷空

現在終於要進入重要的階段了。也就是要選擇搭配內裡丹寧布的圖案布料。我希望是「有熱帶花朵或動物的圖案，可以讓我懷念新加坡」。

俊榮讓我挑了好幾塊布料，最後我選了一塊印有滿版的植物藤蔓、花朵和花苞的布料。這塊布是白色底，上面的峇峇娘惹風格圖案是以藍色線條描繪出來的。近看會發現，每片葉子和花瓣，上面細膩的葉脈、花蕊和柱頭都有上色。

不過這並不是真正的蠟染布，而是印花圖案。原因是真正的蠟染布料不僅昂貴，而且和俊榮的布料使用方式不合。

「好了，接下來要在哪裡開孔呢？這個過程很重要。」

你說開孔嗎？

「對，沿著圖案做縷空的開孔。比如說，在這個莖和莖的中間，因為已經被線圍

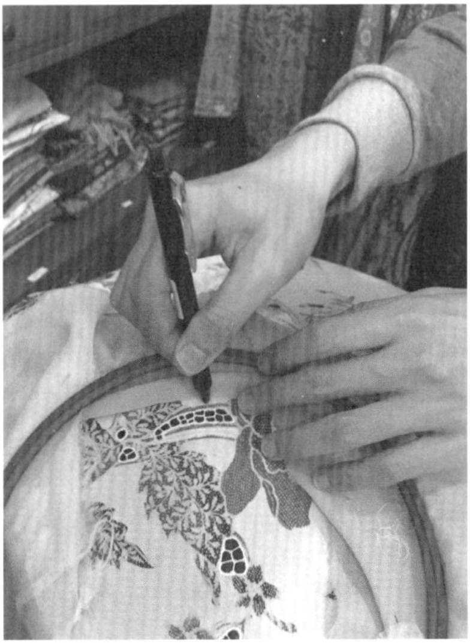

開孔並刺繡，作者攝

起來，所以可直接裁掉。還有花瓣和葉子中間的三角形，像這裡，還有這裡……」

他用手指沿著線條，決定做出縷空的部分，和保留不做的部分。過程就像是要再把拼好的拼圖碎片一塊塊拿走。

「在日本，如果露出太多皮膚不好看吧？那就不能開太多孔了，縷空的部分就先這樣吧。」

要開孔的部分會用線條繡邊。此外，洞孔較大的部分不會直接空著，而是會縫成蕾絲狀，如同蓋橋梁般，把兩邊連接起來；接著就像是用絲線織成蜘蛛網般，把整個洞覆蓋上。正因為要大膽地剪開布料做縷空，如果使用真的蠟染布就太浪費了。

接下來進行了量身，確定領子和袖子的版型，還有鈕扣的種類。第一天的工作大約花費了一個小時。他們會先試做一件上衣，再進行尺寸的微調。我們約好一週後再次上門光顧。

布料背後的全球化

「對於一心追求美感的十九世紀末的峇峇娘惹來說，在爪哇島上精煉出的設計和技術，一定是一個寶庫。因為那個國家裡充滿了無限令人心動的特殊圖案。」

比方說，有一款經典圖案，是印度傳說中的迦樓羅鳥的形象。這是東南亞在伊斯蘭教和佛教傳來之前，信奉印度教的時代證明。馬賽克狀的圖案，則是源自阿拉伯，鳳凰則是從中國傳來的。每一塊蠟染布上，都充滿了世界各地的故事。

「我想峇峇娘惹的祖先，發現了設計嶄新的蠟染布後，便開始競相製作服飾。當我看到那時的蠟染布，我就會感覺，看見了布料後面呈現出當時的全球化過程。」

新加坡航空的女性乘務員制服，就是充分利用蠟染布設計的好例子。制服上展現出東南亞文化的異國風情圖案和色彩，以及突顯身體曲線的優雅剪裁，特別受到外國旅客的喜愛。這款制服從未更改過設計，已然成為以服務品質作為賣點的新加坡航空象徵。

可能會有很多人認為，那套制服是峇峇娘惹傳統的可巴雅紗籠裙，但事實上，這是法國設計師皮埃爾・巴爾曼（Pierre Balmain）在一九六八年創作的設計。據說，他是受到峇峇娘惹服裝以及珠繡等工藝品的影響而發想的。

抓住並改變直射赤道的陽光

大約過了一個月，俊榮聯繫了我。那件超乎想像的華麗上衣已經完成了。只有背部和手腕部分使用那塊藍色丹寧布，在上半身部分，植物藤蔓像是爬上胸膛一樣延展開來，一直到領子。整面都有東南亞的花朵爭相盛開綻放。很多部分施以了蕾絲加工，可以看見透著光。對日本人來說，可能會覺得有點花俏，但這件上衣以淺藍色為基底設計，十分優雅。

——峇峇娘惹的服飾和工藝品，特色都是明亮的粉彩色，是不是和中國習慣用的顏色不太一樣？

「中國大多使用碧綠色、石竹粉、薄荷綠等鮮豔的中間色調。到新加坡的唐人街上，也是到處都是紅色。但峇峇娘惹不喜歡原色。我覺得裡面也混進了歐洲的風格。但這種色調的搭配方式，既不是中國的，也不是馬來或英國的。我想這是一種誕生自麻六甲海峽一帶的色調感覺。」

——也就是說，雖然這是混合文化，但關於色彩這點，也許不只是把世界各地的零件拼湊在一起而已嗎？

「也有可能是這樣。我認為從中國大陸遷徙過來的華人，他們對色彩的感覺，在這裡轉化成不同的東西了。」

——為什麼會轉化？

「理由只有一個啊……」

俊榮笑著，指了指頭頂。

時間已過正午，太陽幾乎在正上方直射著。麻六甲海峽位於赤道正下方，陽光非

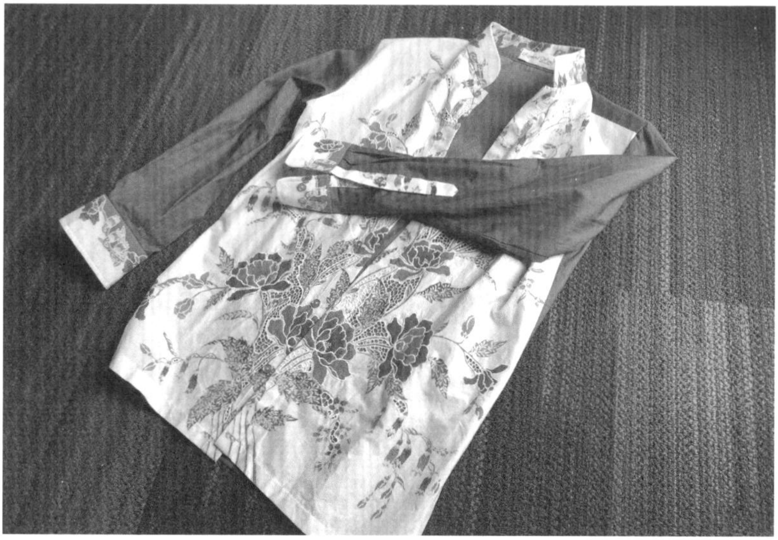

訂做的巴迪衫成品，作者攝

常強烈。我用智慧型手機查看，氣溫是攝氏三十四度，和平常差不多。新加坡總是被耀眼的陽光包圍，不存在四季差異。

「為什麼梵谷會崛起？那是自從他去了陽光普照的南法普羅旺斯。為什麼高更能接連創作出名畫？那是從他定居在南太平洋的大溪地之後。」

儘管華僑四散在世界各地，但只有東南亞不僅繼承了中國莊重的美感，還將其轉化為不同的美感。這裡充滿光芒，與位於地球北方的中國大陸完全不同。

黃俊榮現在，正嘗試抓住當代峇峇娘惹的光芒。

被美感所充滿的空間

可能改變檳城島未來的男人

王禮強（Chris Ong）先生，正在檳城島迎接我們的到來，他看起來神情有些緊張。他的眼睛睜得大大地，頭髮梳得很整齊，鬍鬚也修得乾淨俐落，看起來大約五十多歲。因為他瘦瘦的，所以顯得他看似有些神經質。他一個人坐在沙發的正中央，翹著腳，用一種有點做作的手勢拿起茶杯喝茶。

他看起來，像是希望讓自己顯得很有威嚴。我們互相打了招呼，我像他遞了名片，但他並沒有給我名片。他說話很有禮貌，但不愛笑。

當我向他解釋我為何造訪檳城島時，他用那雙大眼睛緊盯著我，沒說話，只是聽著我說。他看起來似乎想說些什麼，但又會把語吞回去。他似乎對我「想了解檳城島

王禮強，作者攝

的峇峇娘惹傳統和文化」這點不感興趣。他是不是那種只關心生意的人？我開始擔心，他會不會聽一聽就轉身離開。

我想，或許他是那種已經習慣對陌生人保持警惕並觀察的人。我覺得他很謹慎，但又散發一種寂寞的感覺。這是因為他從競爭激烈的商業界中存活下來嗎？還是因為，他曾在一個陌生的環境中孤獨過日？

然而，當我對酒店的室內設計表示了一些感想，並給予讚美時，他的表情一下就變了。他剛才明明話很少，突然間變得非常健談。

「全部都是我做的！包括結構設計、

精品酒店「七間老厝」，作者攝

內裝、家具，全部。您住在哪個房間？啊，那個房間嗎。您喜歡嗎？我也很喜歡那個房間。您坐上那把象牙雕刻的木製躺椅了嗎？可能會發出一些吱吱作響的聲音。我為了得到那張椅子，費了不少力氣。那是在曼谷的拍賣會拍下的。您會住在這裡幾晚呢？」

他的聲音很高，瞬間說了一連串的話。我突然發現，他說的不是馬來西亞式的英語，而是抑揚頓挫，帶著強烈的澳洲口音，比較接近英式英語。王禮強先生的話匣子就這樣被打開了。

我與王禮強見面的地方是酒店內的餐廳。這裡用折疊門隔間。我們為了順便進行其他的採訪，入住了新加坡朋友推薦的「七間老厝」（Seven Terraces）。這是一家位於檳城島老城區喬治市，共有十八間客房的小型精品酒店。王禮強就是這間酒店的業主兼經營者。

會選擇這裡，是因為新加坡朋友對我說「如果要在檳城過夜，一定要選這裡」，所以我上網找到了這家酒店。我看到網站上的照片，峇峇娘惹風格的美麗外觀和房間非常吸引我，因此我毫不猶豫就選擇了「七間老厝」。

之後，另一位峇峇娘惹朋友告訴我，「酒店老闆王禮強，可能是會改變檳城島未來的人」。似乎在峇峇娘惹社群裡，王禮強是個眾所周知的人物。

我查看網站，發現經營這家酒店是名為「喬治市古蹟酒店」（George Town Heritage Hotels）的公司。創始人的欄位上有王禮強的名字。因此造訪檳城島之前，我發了一封信件給酒店，表示「希望採訪王先生」，預約了採訪行程。

喚回美麗的世界

「二〇〇七年，也就是十年前回到檳城時，我真的感到非常失望。整個城市都變了。那個古老又美好的喬治市被拋棄了。我覺得，我必須讓她重現生機。我想要找回我祖母生活的時代的那個美麗世界。我的祖母是一位道地的娘惹。」

王禮強一打開話匣子，就不停地講起話來。他在海外居住了三十年才回到檳城。

——您的意思是想要保留峇峇娘惹的傳統文化嗎？

「不，坦白說，傳統文化的傳承可能只是我後來才想到的藉口。我只是想重建『祖母的世界』，僅此而已。我選擇在這裡經營酒店，動機其實很私人。」

讓我介紹一下王禮強打造的酒店。

這棟建築原建於十九世紀，被兩條頂多只能容納一輛車通行的狹窄巷道包夾。從上面看，呈現長條狀。當時這附近是住宅區，這座建築物是橫向連接了大約十間房子的集合住宅的其中之一。這是新加坡和麻六甲常見的，結合歐洲和中國風格的店屋。

王禮強當時找到這裡時，還只是一棟破舊的老房子。他給我看了翻修前的照片，屋頂破碎倒塌，遭受風吹雨淋，房屋內部都是泥巴，房間裡雜草叢生。看起來像是只能拆除重建的廢墟。王禮強與屋主交涉後，買下了這座房子。

到了現在，這間酒店完全變成另一個世界。黑色的門上整面都有精緻的雕刻，細膩的圖案以金漆和金箔裝飾。不只有入口的大門，有一面等同於外牆的建築物，一整面全都覆蓋著相同設計的黑色和金色雕刻。黑色和金色，也就是峇峇娘惹建築和家具的基本元素。王禮強的酒店內部所有空間，都是滿滿的雕刻。

「參觀了峇峇娘惹博物館和古屋後，我參考了二十世紀初的設計。但是我覺得，那種炫耀財富和權力的豪華風格不適合我的酒店。所以我重新思考了一個比較簡單又沉穩的設計風格。我找到了檳城裡的工匠，我在他們的工作室，和工匠們一起以手工製作每一扇門。」

「他們都是經驗豐富的老工匠。我要求他們改變空氣的流動，因為金粉會飄到空中，弄髒塗料的表面。或者要求他們按照雕刻的形狀上漆，不可以超出一公釐。我想，我對他們來說，是個超難搞的客戶吧。」

王禮強說完後哈哈大笑。看來他在工房裡被材料和工具包圍，和工匠們共度的時光非常愉快。直到現在，以金色和黑色雕刻填滿的整座建築物的牆面和門的這些工作仍在進行著。雖然這間酒店已經開業七年了，但仍在想著要做些什麼，一邊製作，一邊經營著。

酒店內部地板鋪設的是峇峇娘惹風格的瓷磚。細長的中庭則鋪滿了花崗岩石板。王禮強取得了很多曾經作為貿易船上卸貨回程後使用的壓艙石，將其加工為建築用。因為王禮強想在他的酒店中，融入峇峇娘惹的東西方貿易歷史。

中庭兩側邊緣處各有兩棵熱帶樹，可能是椰子樹或是棕櫚樹。樹木高聳過二樓屋頂，上方的枝葉靜靜搖曳著。夜晚，底部會投射燈光，讓黑暗中出現大扇子般的影子。

王禮強對我詳細解釋為何會種這些樹，雖然他忘記了這是什麼樹，但是，他講述著如何在深思熟慮下選擇樹木種類及種植的位置。當時他激昂的語氣，讓我留下深刻的印象。

「隔了三十年的空白，回憶中的『祖母的世界』，以及現實中眼前這個破舊的城市──這就是在我的心中的兩個喬治市。這兩個景象差距如此之大，讓我的心情十分激動……」

西貢淪陷帶來的衝擊

王禮強出生於檳城，在一個峇峇娘惹家庭長大，是第六代。在他十六歲時，被家裡送往澳洲的全寄宿制學校。這是因為一九七五年的西貢淪陷。也就是北越軍隊攻佔了南越的首都西貢，以至於整個越南落入共產勢力的掌控。對於檳城乃至於東南亞的峇峇娘惹來說，西貢淪陷是一場巨大的衝擊。

「我的父親是一名貿易商。他認為馬來半島被共產陣營拿下只是時間上的問題，因此非常慌張。他必須要保護祖先留下的財產和家庭，於是他決定讓家人逃到各地。他把小孩送到離馬來西亞很遠的各個國家，我根本沒有表達意見的餘地，就被送到了雪梨。也許是我父親身上的峇峇娘惹本能，使得他在聽到西貢淪陷的消息後，選擇了分散風險。」

在澳洲的生活，精神壓力並不小。大學畢業後，他在歐美的投資銀行工作。進入金融界後，他發現自己比想像中還有商業天賦。他能準確地預測金融市場的走勢，設計出投資方案。

身邊的同事有些人投機失敗虧了錢，他則是為自己的客戶帶來了超出預期的利潤，贏得了投資人的信任。無論是作為投資亞洲地區債券的基金經理還是分析師，他都留下了耀眼的成績。

金融業務是一個實力和獲利的殘酷世界，年齡和工作經歷反而與收入無關。工作越努力，賺越多錢，卻也被同事嫉妒，讓他深感孤獨之苦。那是一段充滿殘酷競爭，毫無溫暖的日子。努力的成果是量化的數字，雖然有成就感，但他不知道那是否為真的幸福。

身為超級少數族群

「在充滿陽剛氣息的金融世界，我被霸凌了。畢竟，我是一個同時具備三個特質的『超級少數族群』。年紀比其他同事小，不是歐美人而是華人，而且，我還是同性戀……」

雖然是第一次見面，但他非常自然地出櫃了。當時，我們已經相談甚歡，聊了家具、餐具、建築和料理等話題。一開始的緊張感已蕩然無存，我似乎也理解了他一開始為何會表現得很神經質，警戒心很強的樣子。我發現王禮強的內心深處，有一種作為社會少數群體才具備的特殊感性，也是他這個人的本質。

其實，現代的峇峇娘惹人裡面有很多是男同性戀。雖然只有王禮強公開談到了這一點，但在本書中出現的男性裡面，大概有一半是同性戀者。在採訪中我刻意不提這點，但從他們的言行舉止中，我很快就發現了。有些人的情況，是在這個群體中眾所皆知，沒有人問，也沒有人說，但每個人都知道。[1]

我從二〇一五年到二〇一八年的三年間，遇到了很多峇峇娘惹人。本書中介紹的只是其中一部分。這是因為峇峇娘惹群體中，有很多低調、不願意在公開場合露面的人。我一邊聽王禮強說話，一邊想起了非男非女的宦官將軍鄭和。

讀者們或許已經注意到，峇峇娘惹的色彩和造型，比較偏向女性的風格。峇峇娘惹普遍熱愛藝術，具有優秀的美感，對身邊的物品、室內裝潢和衣著都有自己的堅持。他們的內心都很敏感，反應敏銳且能專心聆聽他人的話語。而且，他們很多人的個性都相當溫柔。他們不喜歡劃分界限，無論是男是女、是黑是白，內還是外。

起初看似冷漠的禮強也是如此。我們一直有聊不完的話題，因此他邀請我晚上到他家裡，一起共進晚餐。

完美的峇峇娘惹空間

「大家都說要保留峇峇娘惹的傳統文化，但文化不就是人們生活的體現嗎？雖然二〇〇八年，喬治市被聯合國教科文組織選為世界文化遺產，幫助了城市的經濟復甦，但我覺得，為什麼我們的傳統和文化需要由別人來認可？傳統只存在於我們自己的生活當中。如果為了保護傳統，而將整個喬治市變成一座博物館，那就代表了峇峇娘惹文化的滅亡。」

基於這番話，他希望我來到他的家中，親眼見證他的日常生活。他的家在另一棟店屋裡面，距離酒店的路程只需步行幾分鐘。這裡比酒店更能體現出完美的峇峇娘惹空間。牆壁和天花板上布滿了黑色和金色的雕刻以及象牙鑲嵌，還有供奉祖先的大神桌和家具。這些全部都是十九世紀末至二十世紀初，為當時的峇峇娘惹所製作的精品。

禮強也是一位古董收藏家。他的家中大約有一萬件收藏品，房子裡大部分的空間，都被用來儲放餐具、烹飪器具、掛毯、家具以及陶瓷裝飾品等，還有修復舊家具和工具的工作間。

這裡陳列著連博物館都難得一見，色彩鮮豔、令人眼睛為之一亮的珠繡織品。巨大的餐具櫥櫃裡收納了數千片瓷盤，較多是有田燒。我拿起其中一片翻過來看，上面寫著「MADE IN OCCUPIED JAPAN」的字樣，這表示，戰後的佔領期間，日本製造商仍在生產瓷器，並出口給東南亞的峇峇娘惹。這是很稀有的收藏。

對禮強來說，檳城是收藏古董的絕佳之地。他並不是為了交易，而是熱中於收集古老且美麗的物品，並一心一意欣賞它們。也因此，他一直不停收集著一件件的古董，為的就是重現出「奶奶的世界」。

酒店客房的家具陳設，是他花了七年時間收集的藏品的其中一部分。酒店的大廳則展示了一些高級的壺和餐具。

運用各種材料和技術創造新價值

「你快看！這是我的下一個計畫。」

禮強興奮地舉起來給我看的，是一個破爛不堪，像是鳥籠一樣的盒子。這是由木頭框所組成的，四面則是覆蓋上金屬網，上方的金屬零件上連著一條長長的繩子，可以懸掛在天花板上。

「這是廚房用具，可以把食物放在裡面，然後拉起來高掛在空中。這樣增加空氣流通，蟲也爬不上來。以前，每個峇峇娘惹家中都會使用這種東西來短暫儲存食物。」

如果沒有聽他的解釋，我可能只會覺得這是破銅爛鐵。他說，接下來他要親自修復這個籠子，把它擦亮然後使用。據說他是在某個二手商店裡以極低的價格買到後帶回家的。他情不自禁地露出了孩子般的眼神，對接下來的工作充滿期待。

在這個奇妙的空間裡，同時擺放著可能高達一千萬日圓的昂貴古董壺，以及價值可能不到幾百日圓的腐朽木箱。但它們都是平等的。這就是王禮強的家。

雖然這裡看起來很凌亂，東西四處堆得滿滿的，但每個角落都充滿了他自己的美學。於是我明白了，他一邊回憶著「祖母的世界」，一邊建構出屬於他自己的「王禮強的新世界」。

這也就是禮強離開檳城的那三十年空白的前與後。這兩個景象在我的眼前一瞬間重疊起了。即使是那些泛黃的回憶，也都是禮強塑造新世界的素材。

編註：

1 本章關於同性戀的內容，曾有日本讀者指出作者觀點有待商榷，對此作者回應：「書中提到有關同性戀的部分，確實是他的失誤，他無意強化對峇峇娘惹的刻板印象，其初衷是想從積極的一面，表達對峇峇娘惹藝術天賦的欣賞。」相關全文請見專訪〈從半導體產業到「發現峇峇娘惹」，日本記者太田泰彥的東南亞文化觀察〉，刊登於「關鍵評論網」（2024.04.25）

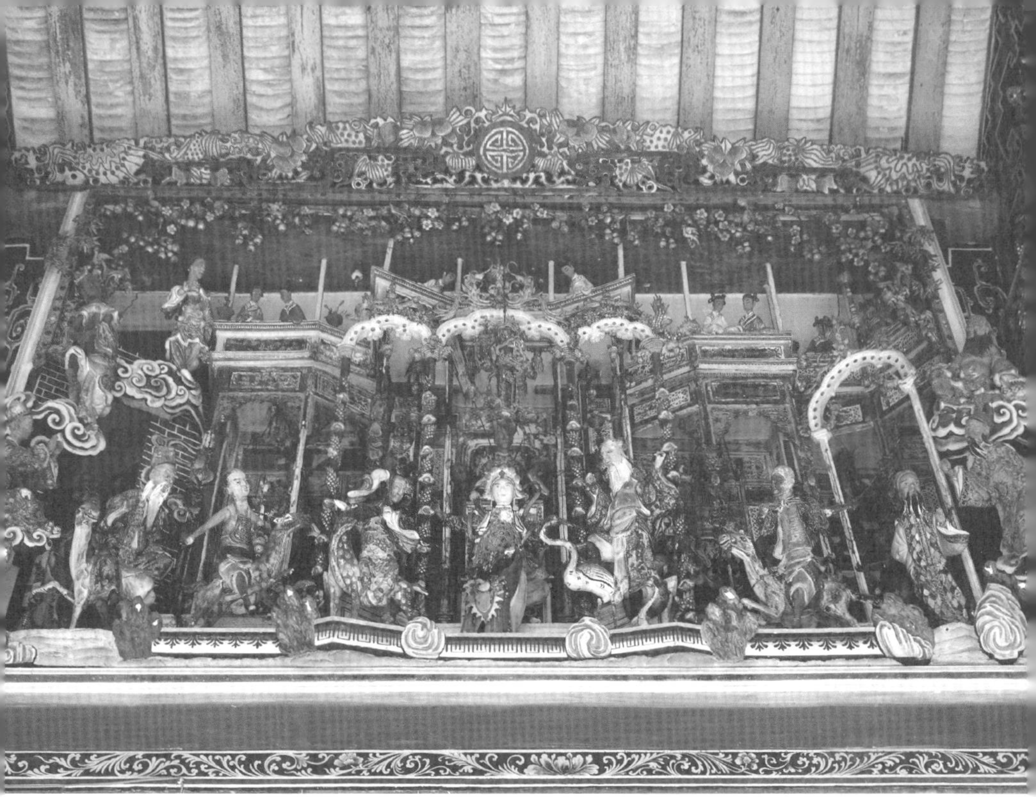

終章

來到尾聲

拿律戰爭

檳城島的老城區喬治市上，有一個奇特的博物館，名為「檳城僑生博物館」（The Pinang Peranakan Mansion）。這是一座巨大的建築物，曾是十九世紀後半風光無限的峇峇娘惹富豪鄭景貴（Chung Keng Quee）的住宅。

現在的所有者則是一位古董商。這裡面幾乎收集了所有與峇峇娘惹有關的物品，陳列著大量的古董，除了展示外，同時也作為商品販售。

這間博物館吸引了大量的遊客，除了因為所在地喬治市是僅次吉隆坡，馬來西亞的第二大城市之外，還包括這間博物館被聯合國教科文組織列為了世界文化遺產。設立博物館的目的，是在當代傳承峇峇娘惹的傳統文化，雖然其中不免有些金錢的味道，但這也是沒辦法的。

不知為何，我卻在這間檳城僑生博物館的建築物中，感受到一種彷彿像是「詛咒」般的黑暗氣息。

這想必與十九世紀後半，一八六一年至一八七四年間斷斷續續進行的「拿律戰爭」（Larut War）脫不了關係。這是一場殘酷的戰爭。主要的經過，是兩個幫派組織爭奪著馬來半島西北部的拿律（Larut）這個地方的錫礦利權。

馬來半島的峇峇娘惹和華人群體，是由幾個幫派組織所組成的。這些幫派被稱為「公司」、「會」或是「會黨」等，他們圍繞著礦山、農場、香料、鴉片、酒精、賭博以及勞動力招募等利益，互相競爭權利，而且不惜使用暴力。這些組織充滿著黑暗，在異國他鄉稱兄道弟結盟，共同作為少數群體而戰鬥。

其中一個龐大勢力，便是客家派系的海山公司（The Hai San Society）。他們的基地位於檳城。檳城僑生博物館的主人，也就是富豪鄭景貴，實際上就是海山公司的頭目。應該說，正是因為他是該幫派的頭目，才成了富豪。礦山、鴉片和酒精的利益之大，難以估計，也因此他累積了難以想像的財富。

那些來自同一地區、說著同一種語言的的中國大陸移民，會成群結黨是很自然的事。這些地下幫派，同時也是接待這些來自中國大陸不斷湧入的同鄉新客的窗口。隨著海峽殖民地的繁榮，移民人數也像滾雪球般不斷增加，幫派勢力也逐漸擴大。他們靠自己的力量，保護同胞免受文化不同的鄰居，或同是華人但非同鄉的對手侵犯。此外，他們也同時是內部糾紛的仲裁者和調停者，以及維持地區治安的警察角色。其地位可說是支撐著馬來半島港口城市華人社會的「地下根莖」。

與海山公司敵對的另一個勢力是義興公司（The Ghee Hin Society）。相對於海山是由廣東人主導，義興的成員則是福建人、潮州人。這兩個幫派之間持續了長年的血腥鬥爭，甚至會從中國當地招募傭兵。他們對自己的同伴互助互愛，但對敵人心狠手辣。這場戰爭不只參與鬥爭者，許多平民百姓也受到牽連。馬來半島各地失去了許多生命。

拿律錫礦的利益爭奪戰，在一八七二年左右達到了高潮。武裝衝突發生的不僅僅在有錫礦的拿律，還擴大到包括拿律在內的霹靂州全境以及檳城島。還曾經發生過鄭景貴麾下的海山公司成員殺害六十多名敵對潮州人，並搶走大筆金錢的事件。

架空的劇場

為了解決不斷惡化的局勢，陳金鐘向英國殖民地政府尋求干涉。他是在本書第四章中登場的一位在新加坡極具影響力的峇峇娘惹。

陳金鐘是東南亞歷史中的一位重要人物，曾擔任泰國皇室與新加坡之間的橋梁。他的子孫包括了現今居住在曼谷、東協的創始人之一。其實，陳金鐘也是與海山公司對立的義興公司的領導者。

據點在檳城島的海山公司鄭景貴，基地在新加坡的義興公司陳金鐘——這兩位峇峇娘惹，分別在各自的所在地擔任「華人甲必丹」。這是英國殖民地政府為了控制華人群體而任命的公職。英國利用這些地下幫派，並將其作為殖民地統治的手段之一，給予統領這些幫派的峇峇娘惹有權有勢者地位和利益。同時，峇峇娘惹為了加強自己在華人群體中的權威，也透過協助殖民地政府來利用英國。峇峇娘惹和英國在檯面下的世界，可說是一種相互依存的關係。

這便是峇峇娘惹不為人知的歷史黑暗面。創造出色彩絢麗工藝品的這些人，也是在暗中推動東南亞政治和經濟的人。

十九世紀的峇峇娘惹群體所形成的地下網路，一直延伸到了現代。掌控著東南亞經濟的華僑財團不願輕易分享資訊，新加坡李顯龍總理的家族，至今也仍不願主動談論自己的血脈。

鄭景貴位於喬治市的大宅，現今已變成了峇峇娘惹文物的展覽地。在寬敞的主樓旁，有另一棟隱密的建築，這裡是專門用來祭祀歷代祖先的場所。在那棟房子裡，有一個「架空劇場」，是讓過世的家族成員們齊聚一堂，欣賞戲劇的地方。排列著牌位的祭壇，也是觀眾席，祂們的視角，可以看見四周滿滿都是各種鮮豔的色彩，整面牆上都是天女、賢者、動物、龍、建築、中國風景等圖畫。這全景式的立體彩色雕刻，像是無聲地說著故事，為死者帶來慰藉（請見終章頁圖片）。

在這個空間裡，時間彷彿凝結了，如此冰冷靜寂……。原來那不惜使用暴力的地下幫派首領，竟是如此敬重和畏懼他們的祖先。

或許，創作出無數的「美」的峇峇娘惹，一直伴隨著他們的，就是他們對「死亡」

的淡泊意識。潛藏在那豐富創造力底部的，可能是他們抱持的「萬物終有一死」的意識。在這裡停留片刻後，我開始這麼想。

我忽然想起了新加坡峇峇娘惹長老黃萬慶（Peter Wee）先生曾低聲說過的話。「在歷史的短暫一幕，我們峇峇娘惹聚集在這片土地上，像煙火般綻放。緊接著我們被解放了，迎接美麗地消失的時刻。」

但我有一股預感，峇峇娘惹並不會消失。我想，在這個全球化的世界裡，他們將不斷變化並生存下去。我們又會在世界的哪個角落，再度遇見那已進化，並改變姿態的未來峇峇娘惹呢？

後記

感謝您陪伴這趟追尋峇峇娘惹身影的旅程。我之所以撰寫這本書，是希望可以或多或少理解那些支撐著亞洲全球化的特別人物的真實面貌。

自二〇一五年春天開始的三年內，我以日本經濟新聞社記者的身分在新加坡駐點。這段期間在當地進行的採訪，成為了這本書內容的基礎。我也是第一次住在日本以外的亞洲國家。

最先吸引我的，是顏色繽紛的柔粉色珠繡涼鞋及掛毯等物品。這些顏色不是日本人熟悉的中國風，也和其他東南亞國家迥然不同，我感到十分驚訝。「究竟他們是從哪裡得到靈感，才會設計出這樣獨特的色調？」，我直覺地想到了這個問題。這個距離日本並不遙遠的地方，竟然隱藏著一群被稱為峇峇娘惹的人們，我對這件事非常心動。

英語中有一個詞彙，叫做「feminine」。若將其直譯為「女性化」，或許無法充分表達這個詞的語感，但其實裡面包含了「可愛」和「細膩」的意思。峇峇娘惹的外在形象，就是相當的「女性化」。

從地圖上一看，立刻就可以明白麻六甲海峽是一座貿易要道。爭奪貿易霸權的歐洲列強，為了抵達靠近新幾內亞的香料群島、中國大陸、日本列島和朝鮮半島，只能穿越這個狹窄的海上要道。從大航海時代一直到現代，這項地理條件始終未變。

峇峇娘惹連接了亞洲和歐洲，支撐起東西方的貿易。他們與英國及荷蘭的東印度公司私下勾結，是政治和經濟的幕後操手。這個形象與女性化相去甚遠，反而給人硬派、火爆的印象。

峇峇娘惹的祖先並不是自願在地化的。他們在馬來半島、爪哇島和蘇門答臘島和當地的女性組成家庭，是為了生存。在伊斯蘭蘇丹的統治下，從事需要仰賴地緣、血緣關係的全球貿易，他們無法一直當一個外來者，他們必須與異民族結合，吸收異文化，甚至拋棄祖國的語言，融入當地社會，別無他法。

在日本的企業界中，「全球化」像是一個口號。然而，那些呼喊全球化的人，若是在面對自己的事情時，似乎便缺乏了放棄過去、改變自己的勇氣。那些期望國家或公司能夠實現全球化的人，在個人的層面卻並絲毫沒有全球化，我覺得這使人感到很疑惑。

我想，每一位在全球化浪潮中生存下來的峇峇娘惹，都蘊藏著日本人應該學習的教訓。

麻六甲海峽沿岸的港口城市，以現在來說，就是全球供應鏈的要衝。支持各種產業的原物料、工業品、零組件、技術、農產品、金錢、人力、資訊和創意，都從世界各地匯集到這裡。對於早已在這片土地上生根發芽的峇峇娘惹來說，他們的眼前總是不斷出現新的事物。

設計師和藝術家們，將來自世界各地的色彩、聲音、香味結合、融合後，創造出新的美。他們不僅是繼承了中國的傳統，還創造了有別於中國的新價值。峇峇娘惹藝術文化之所以能夠如此綻放光彩，我想便是因為他們身處於貿易這個大舞台的正中央吧。

峇峇娘惹的工藝品，並非全都是他們自己親手製作的。許多餐具和家具都是進口商品。並且，為了滿足這些峇峇娘惹消費者的需求，中國和日本等地便製造出這些他們喜愛的風格的產品。

只要設計出自己喜歡的東西，並享用成品，對峇峇娘惹來說，這樣就夠了。而實際生產物品的工作，世界各地都會有人來完成。

峇峇娘惹創造新經濟價值的「創新」，並非來自供應端的先進技術，而是以消費端所產生的能量作為驅動引擎。在這裡，我們也可以看到一種十分新鮮的經濟觀，與現代日本人習以為常的思維方式相當不同。

還有一點值得關注的，是峇峇娘惹的外交手腕。當國際情勢產生巨大變化，左右國家未來的局面，幾乎都能看到峇峇娘惹的身影。

像是成功抵禦列強侵略，保持獨立的暹羅王國，以及東協的設立也同樣如此。還有，作為全球經濟樞紐的新加坡之發展，也是一個很好的例子。

在每個歷史的重要轉折點，都會有一位單打獨鬥，穿梭於外交幕後的峇峇娘惹。這也許可以歸因於華僑之間的人脈關係。然而，即使是華人，也並非全都是齊心協力。峇峇娘惹便在自身與其他華人之間，劃定了界線。峇峇娘惹的領袖所帶領的華人團體，他們之間也會互相對立。

東南亞的社會是由眾多不同的族群、語言和宗教交織而成。而峇峇娘惹就像滲透到歷史地層中的水脈，他們超越了國家這個框架，連接國與國，地域與地域之間，而且他們至今依然活躍著。而在日本，究竟又有多少像這樣，能夠連接世界和日本的人呢？

峇峇娘惹可以讓現代的我們思考什麼問題？在全球化的背景下，思考國家、組織和個人的存在時，如果我所撰的這些來自當地的報導，能對讀者們有所幫助，那將是我的榮幸。

我本身會踏上尋找峇峇娘惹真實面貌之旅的契機，來自我採訪一篇日本經濟新聞週日副刊「Nikkei the Style」的報導。二〇一七年九月，我撰寫了一篇關於峇峇娘惹繽紛文化的文章。隨後，有些內容受限於篇幅沒有出現在文章裡，而我還想做更多深入的了解，因此我繼續進行了採訪。

首先，我要對接受採訪的各位表示由衷的感謝。由於許多有背景的峇峇娘惹希望匿名，我無法在此記錄他們的名字。但若沒有各位的協助，就不會有這本書了。

這不輕易對外開放的峇峇娘惹社會，如果我可以算是踏進了半步，這必須要歸功於日本經濟新聞社重視亞洲資訊的新業務。

我曾為英文媒體「Nikkei Asian Review」撰寫專欄文章，我發現各國的經濟人和政策決策者，對「日本記者看亞洲」的觀點很有興趣。使用英語發布資訊，使得我的採訪範圍變得更寬廣。

此外，我還有一個能夠深入東南亞內部的祕密武器，那就是針對日本商業領導者的亞洲培訓課程。

我曾作為講師參加一場研討會，與來自日本的參加者，一起訪問財閥、大企業、新創企業和政府單位，以「記者的視角」學習並參與。透過在這裡結識的各個領域的佼佼者，我和他們彼此之間交流討論，才得以深入瞭解峇峇娘惹的世界。隨著我遊歷不同國家的次數愈來愈多，我感覺我逐漸解開了東南亞社會這塊多層次的拼圖。

僅僅用文字，無法表現出峇峇娘惹多采多姿的工藝品和藝術品。除了在紙本媒體上撰寫文章外，我還努力在東京電視台、BS東京電視播放的節目上，以及日經電子版的影片專欄上，嘗試視覺上的傳達。本書中的一些故事，很多都是透過錄影採訪取得的。

在我的採訪遇到難題時，Twitter和Facebook等社交媒體起了很大的作用。不論是分享使用智慧型手機拍攝的影片或是發問，都讓我得到了許多未知的訊息，而且不斷透過別人的轉介才跨越了障礙。社交媒體真是無遠弗屆呢。

藉此機會，感謝與我一起遊歷亞洲各個角落的攝影同仁玉井良幸先生、柏原敬樹先生，電視台的夥伴們，帶我進入深奧的東南亞世界的日經亞洲杉山牧子女士，還有在本書的企劃編輯過程中，給予我很多幫助的日本經濟新聞出版社堀口祐介先生。

二〇一八年五月

太田泰彥

參考文獻

李光耀（2000）《李光耀回顧錄（上）（下）ザ・シンガポールストーリー》小牧利壽譯，日本經濟新聞社
岩崎育夫（2013）《物語シンガポールの歴史》中公新書
E・J・H・コーナー（1982）《思い出の昭南博物館》石井美樹子譯，中公新書
明石陽至編（2001）《日本占領下の英領マラヤ・シンガポール》岩波書店
永積昭（2000）《オランダ東インド会社》講談社學術文庫
科野孝藏（1988）《オランダ東インド会社の歴史》同文館
淺田實（1989）《東インド会社巨大商業資本の盛衰》講談社現代新書
東洋文庫編（2015）《東インド会社とアジアの海賊》勉誠出版
羽田正（2007）《東インド会社とアジアの海》講談社
羽田正（2016）《グローバルヒストリーと東アジア史》東京大學出版

太田淳（2014）《近世東南アジア世界の変容グローバル経済とジャワ島地域社会》名古屋大學出版會
貞好康志（2016）《華人のインドネシア現代史》木犀社
華僑華人の事典編集委員會編（2017）「華僑華人の事典」丸善出版
奥村みさ，郭俊海，江田優子ペギー（2006）《多民族社会の言語政治学》ひつじ書房
坂出祥伸（2013）《道教と東南アジア華人社会その信仰と親族的結合》東方書店
イワサキチエ，丹保美紀（2007）《マレー半島美しきプラナカンの世界》產業編集センター
篠崎香織（2017）《プラナカンの誕生海峡植民地ペナンの華人と政治参加》九州大學出版會
マージョリー・シェファー（2015）《胡椒暴虐の世界史》栗原泉譯，白水社
山田憲太郎（1979）《スパイスの歴史》法政大學出版局
山田憲太郎（1980）《香薬東西》法政大學出版局

The Peranakan Association Singapore（2015）*Being Baba,* Marshall Cavendish Editions

Peter Wee（2017）*A BABA ALBUM: Life & Times of a Reawakened Peranakan,* Katong Antique House

Peter Wee（2009）*A Peranakan Legacy: The Heritage of the Straits Chinese,* Marshall Cavendish Editions

Alan Chong（2015）*GREAT PERANAKANS: Fifty Remarkable Lives,* Asian Civilisation Museum

Felix Chia（2015）*THE BABAS,* Landmark Books

Melissa Chan, Lee Yuen Thien（2015）*BABA& NYONYA HERITAGE MUSEUM,* Chan Heritage

Bonny Wee（2015）*The Peranakans of Malacca,* Purple Productions&PR Consultants

Cheah Hwei-Fe'n（2017）*Nyonya Needlework Embroidery and Beadwork in Peranakan World,* Asian Civilisations Museum

Peter Lee（2014）*SARONG KEBYA: PERANAKAN FASHION IN AN INTERCONNECED WORLD 1500-1950,* Asian Civilisations Museum

Lim GS, Catherine（2003）*GATEWAY TO PERANAKAN CULTURE,* ASIA PACBOOKS

Ronald G. Knapp（2013）*The Peranakan Chinese Home: Art and Culturein Daily Life,* Tuttle Publishing

David Nelson（1974）*THE STORY OF CHANGI SINGAPORE,* Changi Publication

Lee Geok Boi（2017）*SYONAN: SINGAPORE UNDER JAPANESE 1942-1945*, Singapore Heritage Society and Landmark Books

Han Fook Kwang, Zuraidah Ibrahim, Chua Mui Hoong, Lydia Lim, Ignatus Low, Rachel Lin, Robin Chan, Stephanie Yeow（2011）*LEE KUAN YEW: HARD TRUTHS TO KEEP SINGAPORE GOING*, Straits Times Press

Koh Buck Song（2017）*BRAND SINGAPORE: Nation branding after Lee Kuan Yew, in adivisive world*, Marshall Cavendish Business

Mahathir bin Mohamad（1970）*The Malay Dilemma*, Times Books International

Dennis De Witt（2007）*History of the Dutchin Malaysia*, Nutmeg Publishing

Francis Cooray, Khoo Salma Nasution（2015）*Redoubtable Reformer The life and times of Cheah Cheang Lim*, Areca Books

國家圖書館出版品預行編目(CIP)資料

發現峇峇娘惹：推動近代東南亞發展的神祕商業貴族／太田泰彥著；葉靜嘉譯. -- 初版. -- 新北市：黑體文化，左岸文化事業股份有限公司出版：遠足文化事業股份有限公司發行，2023.11
272面；14.8×21公分
ISBN 978-626-7263-36-5（平裝）

1. CST：華僑 2. CST：華僑史 3. CST：東南亞

577.238 112016798

特別聲明：
有關本書中的言論內容，不代表本公司／出版集團的立場及意見，由作者自行承擔文責。

黑體文化 讀者回函

黑盒子17

發現峇峇娘惹：推動近代東南亞發展的神祕商業貴族

プラナカン—東南アジアを動かす謎の民

作者・太田泰彥｜譯者・葉靜嘉｜責任編輯・涂育誠｜美術設計・黃子欽｜出版・黑體文化／遠足文化事業股份有限公司｜總編輯・龍傑娣｜發行・遠足文化事業股份有限公司（讀書共和國出版集團）｜地址・23141新北市新店區民權路108之2號9樓｜電話・02-2218-1417｜傳真・02-2218-8057｜客服專線・0800-221-029｜客服信箱・service@bookrep.com.tw｜官方網站・http://www.bookrep.com.tw｜法律顧問・華洋法律事務所・蘇文生律師｜印刷・通南彩色印刷有限公司｜排版・菩薩蠻數位文化有限公司｜初版・2023年11月｜初版三刷・2024年7月｜定價・360元｜ISBN・9786267263365｜書號・2WBB0017